압압! 팩트로 혼내 주기

초판 1쇄 발행 2023년 1월 25일

글쓴이 서지원
그린이 순순

편집장 천미진 | **편집책임** 최지우 | **편집** 김현희
디자인 최윤정 | **마케팅** 한소정 | **경영지원** 한지영

펴낸이 한혁수 | **펴낸곳** 도서출판 다림 | **등록** 1997. 8. 1. 제1-2209호
주소 07228 서울시 영등포구 영신로 220 KnK 디지털타워 1102호
전화 02-538-2913 | **팩스** 070-4275-1693 | **전자 우편** darimbooks@hanmail.net
블로그 blog.naver.com/darimbooks | **다림 카페** cafe.naver.com/darimbooks

ISBN 978-89-6177-303-4 73910

ⓒ 2023 서지원, 순순

이 책 내용의 일부 또는 전부를 사용하려면 반드시 저작권자와 도서출판 다림의 서면 동의를 받아야 합니다.
책값은 뒤표지에 있습니다.

제품명: 압압! 팩트로 혼내 주기 | 제조자명: 도서출판 다림 | 제조국명: 대한민국 전화번호: 02-538-2913 | 주소: 서울시 영등포구 영신로 220 KnK 디지털타워 1102호 제조년월: 2023년 1월 25일 | 사용연령: 10세 이상 ※KC마크는 이 제품이 공통안전기준에 적합하였음을 의미합니다.	⚠ 주 의 아이들이 모서리에 다치지 않게 주의하세요.

앗앗! 팩트로 혼내 주기

서지원 글 순순 그림

다림

작가의 말

한국은 역사 똥멍청이들의 나라일까요? 역사를 모른다면, 우리는 앞으로 그렇게 불릴지도 모릅니다. 역사를 왜곡당해도 사실대로 바로잡을 능력이 없다면, 멍청이들의 나라라고 손가락질을 당해도 할 말이 없을 것입니다.

역사를 자신들에게 유리하도록 잘못 해석하거나 거짓말로 지어서 쓰는 역사 왜곡이 어제오늘 벌어진 일이 아닙니다. 그런데 인터넷 시대가 되면서 문제는 매우 심각해졌어요. 유튜브와 트위터, 페이스북 등에서 쏟아지는 정보를 보면 가짜와 거짓이 적지 않아요. 판소리가 중국 무형 문화재라는 둥 아리랑은 중국 민요라는 둥 우리나라 최초의 올림픽 금메달리스트인 손기정 선수가 일본인이라는 둥 악의적이고, 의도적으로, 역사를 왜곡해서 사실인 양 퍼뜨리고 있어요. 한두 가지가 아니라서 우리의 역사와 우리 민족의 정체성을 위협할 수준까지 떠오르고 있어요.

역사를 왜 알아야 할까요? 여러 가지 이유가 있겠지만, 같은 실수를 두 번 하지 않기 위해서라고 말하고 싶어요. 일제 강점기 때 벌어진 수많은 역사 왜곡은 여전히 우리를 괴롭히고 있어요. 한국 고대사는 일제가 식민 통치를 위해 식민 사관으로 역사를 왜곡했는데, 이런 거짓 역사를 아직도 믿는 사람들이 있다는 게 참담해요. 이런 사실들을 보다 보면, 우리 역사 자체가 흔들리는 것 같고 우리의 미래가 암담하게 느껴져요.

역사 왜곡 전쟁은 지금도 인터넷을 통해 날마다 계속되고 있어요. 중국과 일본의 역사 왜곡은 전 세계적으로 확산 중이지요. 국제 사회에서 우리나라를 지키려면 우리는 역사를 제대로 알고, 우리의 진실한 역사를 전 세계에 전달해야 해요. 한국은 역사를 마음대로 왜곡해도 가만히 있는 똥멍청이들의 나라가 아니라는 것을 진심으로 보여 줘야 해요.

무조건 화를 내고 싸우자는 게 아니에요. 독일과 프랑스가 함께 역사 교과서를 만드는 것처럼, 중국, 일본과 협력해서 올바른 역사의식을 갖도록 노력하고 이해시키는 자세를 가져야 해요. 역사를 왜 알아야 하냐고요? 같은 실수를 반복하지 않기 위해서는 과거를 알고 현재를 알아야 하니까요. 그래야 왜곡된 역사와 싸울 수 있으니까요.

서지원

차례

1장. 의복 편
한복의 원조가 한푸라고?   10
갓이 Made in China라고?   18

2장. 영토 편
언제까지 우길까? 독도는 우리 땅   26
이어도 하늘에 뜬 중국 정찰기   34
고구려와 발해의 땅 만주와 간도   42

3장. 음식 편
김치 VS 파오차이 세계 표준 논란   52
중국으로 건너간 고려의 상추쌈   58
삼계탕이 광둥식 가정 요리라고?   64

4장. 인물 편

조선족 시인이 된 윤동주　　　　　　70
대한의 마라토너 손기정　　　　　　76

5장. 예술·스포츠 편

판소리가 중국의 무형 문화재라고?　　82
조선족 민요로 소개된 아리랑　　　　88
태권도가 중국에서 시작됐다고?　　　94

1장.
의복 편

한복의 원조가 한푸라고?
갓이 Made in China라고?

한복의 원조가 한푸라고?

 **옌**
짜잔, 너희들 이 게임 해?

내 캐릭터 좀 봐 봐. 한푸템 풀장착 했다고.
중국 전통미 뿜뿜! 장난 아니지?

 **마이클**
오, 예쁘다. 꼭 한국인들이 입는 한복 같네.

 **옌**
한복의 원조가 한푸니까 그렇지!

잠깐만… 뭐라고?

"한복은 중국 것"
中 게임 속 한복 아이템 논란

    중국에서 제작한 패션 스타일링 게임에 한복 아이템이 등장해 논란을 빚었다. 한국 서버 오픈을 기념하여 한복 아이템을 추가하고 '한국의 전통 의상'이라 소개했는데, 이에 중국 유저들이 항의한 것이다. 중국 유저와 누리꾼들은 한복이 '명나라 때부터 입었던 중국 복식이자, 조선족의 전통 의상'이라고 주장했다. 더불어 해당 아이템의 이름을 한복이 아닌, '한푸'라고 표기할 것을 요구했다. 논란이 커지자 게임사는 의상 목록에서 한복을 삭제한 후, 한국 서버 서비스를 종료했다.

파워E스포츠

중국 전통 의상은 치파오? 한푸?

한복은 우리 조상들의 삶과 지혜가 깃든 한민족 고유의 의복이에요. 직선과 곡선이 조화롭게 모양을 이루고 있어 최근 해외 패션 업계에서도 한복에 대한 관심이 높아졌지요. 그런데 21세기에 들어 난데없이 한복이 중국 전통 의상 중 한 부류라는 이야기가 떠돌고 있어요. 무엇보다 중국 영화와 게임에 한복과 비슷한 모양의 옷이 자주 등장하며, 한복의 정체성에 혼란을 주고 있어요. 한복은 어디서 시작된 어느 민족의 옷일까요? 어떤 내용이 맞는지 하나씩 살펴보기로 해요.

치파오 (출처: 위키미디어커먼스)

여러분은 '중국 옷' 하면 어떤 것이 떠오르나요? 많은 사람들이 옆이 갈라진 긴 원피스 형태의 치파오를 떠올릴 거예요. 1990년대까지만 해도 중국은 외국인 관광객들에게 치파오와 창파오를 전통 의상으로 소개했어요.

그런데 2000년대부터 중국 누리꾼들을 중심으로 한푸 살리기 운동이 일어났어요. 치파오가 아닌 한푸가 중국의 진짜 전통 의상이라고 주장했지요. 중국 누리꾼들은 한족이 아닌 이민족이 세운 나라의 옷을 중국 전통 의상으로 인정할 수 없다고 말했어요. 청나라는 한족이 아닌 만주족이 세운 나라였고, 치파오는 그들이 입었던 옷이기 때문이에요.

한푸는 원래 한족이 입던 긴소매의 가운 같은 옷을 이르는 말이었어요.

한푸를 입은 중국인들 (출처: 위키미디어커먼스)

하지만 지금은 청나라 이전 한족이 입던 옷을 통틀어 지칭하는 말로 사용되고 있어요. 최근 들어 중국에서는 명절에 치파오가 아닌 한푸를 입는 사람이 늘었어요. 문제는 이 '한푸 열풍'의 불똥이 한복에까지 튀고 있다는 것이에요.

한복은 언제부터 입기 시작했을까?

우리 민족은 예로부터 저고리와 바지를 갖춰 입었어요. 처음 기록으로 등장한 것은 고구려 벽화에서예요. 5세기경 그려진 무용총 벽화에서는 무사, 승려, 무용수, 시종 등 다양한 사람들의 옷차림을 볼 수 있지요. 남자는 엉덩이를 덮는 저고리에 허리띠를 두르고, 바지를 입었어요. 여자들은 긴 겉옷을 걸치고 주름치마와 바지를 겹쳐 입었지요. 무용수들의 옷에선 화려한 무늬와 길게 늘어진 소매가 돋보여요.

한복은 시대와 신분에 따라 저고리의 길이나 소매의 너비, 치마의 폭 등

무용총 벽화 속 다양한 의복

이 조금씩 변화해 왔어요. 여성 저고리의 경우 삼국 시대에는 엉덩이를 덮을 정도로 길었지만 점점 짧아졌지요. 반대로 짧은 끈 형태였던 고름은 점점 길어졌어요. 오늘날 우리가 흔히 볼 수 있는 한복과 가장 가까운 형태는 조선 중기쯤 등장해요.

한복과 한푸, 비슷한 옷일까?

한복의 저고리와 바지는 북방의 초원에서 활동했던 유목 민족, 스키타이의 영향을 받은 것이에요. 스키타이는 말을 타기 위해 달라붙는 바지를 입고, 바람을 막아 주는 털옷을 입었어요. 사냥을 즐겼던 고구려 사람들도 저고리와 바지를 입었지요. 그리고 신분에 따라, 직업에 따라 바지 모양을 다양하게 만들어 입었어요. 통이 넓은 바지와 좁은 바지, 발목을 묶는 바지와 묶지 않는 바지, 긴 바지와 짧은 바지도 있어요. 남자와 여자의 바지 모양은 차이가 없

스키타이 복식

었지만, 대개 신분이 높은 사람은 넓은 바지를 입고 서민은 좁은 바지를 입었어요.

반면 한푸는 남방계 복식에 뿌리를 두고 있어요. 남녀 모두 기다란 치마를 몸에 둘둘 말아 입었지요. 하지만 전국 시대 무령왕이 '오랑캐의 옷을 입으라!' 호복령을 내린 이후로, 바지를 입기 시작했어요. 여기서 말하는 오랑캐의 옷에는 스키타이의 복식 또한 포함되어 있어요.

한마디로 한복은 북방계, 한푸는

고구려인　　주나라인

남방계 복식에 뿌리를 둔 다른 옷이에요. 다만 모두 스키타이의 영향을 받았고, 각자의 문화와 환경에 걸맞게 발전해 온 것이지요.

13세기의 한류, 고려양

한복이 한푸의 일종이라며 증거로 명나라 시대의 자료를 보여 주곤 해요. 여성들의 풍성한 옷태가 정말로 한복과 비슷해 보여요. 하지만 당시 역사를 이해하면 그 이유를 금방 알 수 있어요. 13세기, 원나라와 고려 사이에는 큰 전쟁이 있었어요. 전쟁에서 승리한 원은 고려의 왕세자와 여인들을 끌고 갔지요. 사람들이 자주 오가면서 정치·경제·문화의 교류가 활발하게 이루어졌어요. 이때 고려에서 유행했던 원나라의 풍습을 '몽골풍', 원나라에서 유행했던 고려의 풍습을 '고려양'이라고 해요. 고려의 복식과 청자,

명헌종원소행락도 (출처: 위키미디어커먼스)

약과, 쌈 채소 등이 원나라에 퍼졌고, 고려 사람들도 원나라의 영향을 받아 설렁탕과 소주를 먹게 되었지요.

이러한 유행은 명나라 때까지 이어졌어요. 명나라 건국 후 100여 년이 지나 홍치제가 고려양을 금지하기 전까지, 명나라 사람들은 고려풍의 옷을 즐겨 입었어요. 여자들은 풍성한 치마와 저고리를 입고, 남자들은 두루마기를 걸쳤지요. 중국 누리꾼들이 한복의 원조라며 보여 주는 한푸는 고려양의 옷들이 대부분이에요.

이웃한 나라는 서로에게 영향을 주면서 살아가요. 생활 방식이나 음식 등 다양한 것들을 서로 보고 배우게 되는 것이지요. 옷을 여미는 방법이라든지 깃, 소매의 길이 등 작은 부분에서 비슷한 점이 발견되는 것은 자연스러운 현상이에요.

📘 한 걸음 더

고려에서 유행한 몽골풍

원나라에서 유행한 고려양

얍얍! 팩트 체크 ✓

한복은 북방계, 한푸는 남방계 의복으로부터 발전한 뿌리부터 다른 옷이에요.

갓이 Made in China라고?

빌리
타오, 뭐해?

타오
나 드라마 봐.

이 드라마 완전 추천. 빌리, 너도 같이 안 볼래?

빌리
어, 나 저 모자 알아. 한국 사극에 나오는 갓이잖아.

한국 드라마 보는거야?

타오
무슨 소리야, 중국 명나라 사극인데?

저 모자는 중국 전통 모자야.

빌리
그래…? 이상하다. 한국 드라마에서 많이 봤던 모자인데….

중국 게임 유저
"조선의 갓은 명나라 아류 문화"

　　중국의 한 모바일 게임에 '갓' 아이템이 등장했다. 넓은 챙과 끈이 달린 검은색 모자로, 한국의 갓과 같은 모양새를 하고 있다. 그런데 이 아이템이 중국 서버에서만 중국식 모자인 방갓의 형태로 바뀌어 올라오면서 논란이 불거졌다. 이를 두고 중국 유저들은 '중국 서버에서만 다른 모자로 교체된 것은 갓이 한국의 것임을 인정하는 것이 아니냐.'고 반발했다. 한국의 갓 또한 중국의 영향을 받은 것이니 서버별 차이를 둘 필요 없다는 의견이다. 중국 유저들은 SNS를 통해 게임사에 항의하며, '갓은 중국 것'이라고 밝힐 것을 강력하게 주장했다.

게임즈 뉴스

조선 이전에는 갓을 쓰는 문화가 없었다?

한반도에서는 아주 오래전부터 '립(笠)' 형의 모자를 써 왔어요. 립이란 우리말로 갓을 이르는 말이에요. 그럼 우리는 언제부터 갓을 썼던 것일까요? 중국은 14세기 명나라 때 자신들이 갓을 조선에 전파했다고 이야기해요. 그러나 우리는 그보다 훨씬 전, 5세기경부터 갓을 써 왔지요.

삼국 시대의 벽화에는 다양한 갓의 모습이 나타나 있어요. 평안남도에서 발견된 고구려 감신총 벽화에는 사냥하는 남자의 모습이 등장해요. 윗부분이 둥글고, 가장자리에 넓은 챙이 달린 패랭이 모양의 갓을 쓰고 있어요. 1120년경 그려진 중국의 〈청명상하도〉에는 갓을 쓰고 두루마기를 입은 고려 상인의 모습이 담겨 있어요. 《삼국유사》에도 신라 원성왕이 꿈에 복두*를 벗고 소립**을 썼다는 기록이 남아 있지요.

우리 조상들은 삼국 시대부터 일제 강점기에 서구 문화가 정착해 상투를 자를 때까지 1500년 이상 갓을 써 왔어요.

감신총 모사도 (출처: 국립중앙박물관)

청명상하도 (출처: 위키미디어커먼스)

* **복두** 각이 지고 위가 평평한 모양의 관리들이 쓰던 모자.
** **소립** 누런 빛을 띤 흰색의 패랭이.

갓은 명나라에서 전파된 것이다?

고구려 벽화에서 볼 수 있듯이 갓은 오래전부터 한반도에서 착용하던 의복 중 하나였어요. 그런데도 갓이 명나라에서 온 것이라 주장하는 이유는 무엇일까요?

중국 누리꾼들이 우리 역사를 잘 알지 못하기 때문이에요. 중화사상을 갖고 있는 중국인들은 중국이 세계의 중심이며 모든 것이 중국에서 시작된 것이라 믿곤 해요. 다른 나라의 비슷한 문화나 물건을 보고 중국에서 전파된 것이라 우기기도 하지요. 하지만 시작된 시기나 모양, 쓰임새 등을 꼼꼼히 비교해 보면 전혀 다른 특성의 문화라는 것이 드러나는 경우가 많아요.

조선의 갓은 다양한 재료와 창의적인 기술로 만들어졌어요. 머리카락처럼 질기고 탄력이 있는 말 꼬리털로 원통을 만들고, 대나무에서 뽑아낸 실을 엮어 챙을 만들었어요. 봉긋한 곡선을 이루며 떨어지는 챙은 그 사이사이로 빛이 들어 은은한 멋을 자아내요. 조선의 장인들은 이 위에 명주실이나 비단을 올리는 방법을 고안해 내기도 했어요. 갓을 만드는 '갓일'의 명맥을 이어 가며 조선만의 갓을 꾸준히 발전시켰지요.

갓과 갓집 (출처: 국립민속박물관)

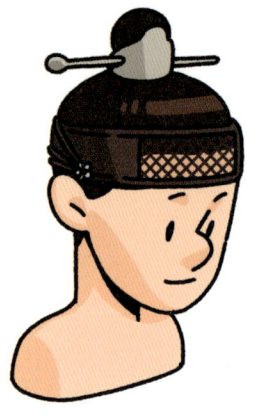 

조선의 망건　　　　　　　명나라의 망건

갓을 쓰기 위해 머리를 여미던 망건 또한 명나라의 것과 차이가 있어요. 조선의 망건은 폭이 좁아 이마만 두르는 대신, 명나라 망건은 폭이 넓고 정수리까지 올라와 모자의 형태에 가까웠어요.

조선이나 명나라 모두 원나라의 영향을 받았어요. 원나라는 13세기부터 14세기까지 중국을 통치했어요. 유럽까지 세력을 넓게 뻗쳤던 원나라는 동서양의 여러 나라에 많은 영향을 주었고, 문화를 섞어 놓았어요. 명나라는 원나라가 멸망한 후 세워진 국가예요. 몽골족의 흔적을 지우기 위해 노력했지만, 완전히 뿌리 뽑을 수는 없었지요. 원나라가 고려와 교류가 많았던 것을 고려한다면, 갓이 명나라의 유물이라는 주장은 맞지 않는 말이라는 것을 알 수 있어요.

한 걸음 더

우리나라 갓의 종류를 알아볼까요?

 흑 립   대나무와 말총을 엮고 검게 옻칠한 갓으로 주로 양반들이 외출할 때 썼어요.

 백 립   대나무를 엮은 뒤 베를 씌워 만들었어요. 상을 당했을 때 쓰던 모자예요.

 주 립   붉게 옻칠한 갓으로, 관리들이 군복을 갖춰 입을 때 썼어요.

 패랭이   대나무를 성기게 엮어 만들었어요. 주로 상인, 역졸, 보부상 등 신분이 낮은 사람들이 썼어요.

 삿 갓   비와 햇볕을 잘 막아 주는 모자예요. 농민들이 많이 써서 '농립'이라 부르기도 했어요.

얍얍! 팩트 체크 ✓

명나라 이전부터 우리 선조들은 챙이 있는 모자를 즐겨 썼어요. 삼국 시대 벽화와 송나라 때 그림 속에서 갓을 쓴 우리 선조들의 모습을 볼 수 있어요.

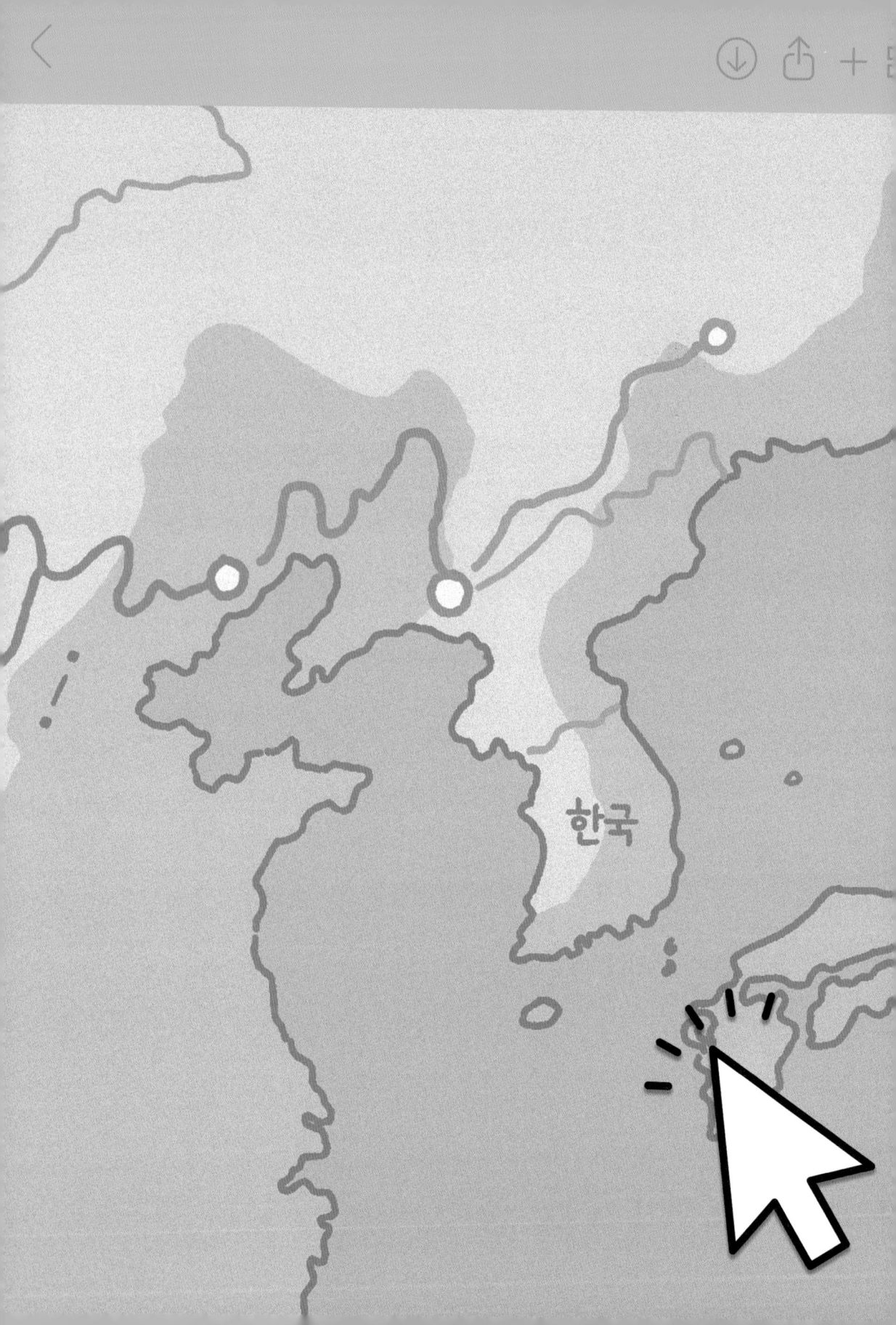

2장
영토 편

언제까지 우길까? 독도는 우리 땅
이어도 하늘에 뜬 중국 정찰기
고구려와 발해의 땅 만주와 간도

언제까지 우길까? 독도는 우리 땅

 리코

얘들아, 이것 좀 봐.

도쿄 올림픽 성화 봉송 지도가 나왔어.

잠깐, 동해의 저 작은 점!

독도가 왜 일본 땅으로 표시되어 있는 거야?

 리코

어머, 다케시마를 말하는 거야?

그야 당연히 일본 땅이니까 그렇지.
2월 22일 다케시마의 날도 있는걸?

무슨 소리야, 독도는 대한민국 땅이라고!

일본, '다케시마의 날' 기념식 강행

 지난 2월 22일, 일본이 혼슈 시마네현 마쓰에시에서 16회 다케시마의 날 기념식을 개최했다. 기념식에는 우익 단체를 비롯해 일본 정부의 주요 인물이 참석했다. 일본 내각부 정무관은 "1951년 샌프란시스코 평화 조약에서 다케시마가 일본 영토임을 국제적으로 확인했음에도 불구하고 한국이 불법 점거를 시작한 것은 용납할 수 없는 일."이라 발언했다. 일본 정부에서는 지속적으로 국제 사회에 다케시마에 대한 영유권 판결을 요구하고 있다. 이에 대해 우리 외교부는 대변인 성명을 내고 "일본이 독도에 대한 부질없는 도발을 반복하는 데 대해 강력히 항의하며, 해당 행사를 즉각 폐지할 것을 엄중히 촉구한다."고 밝혔다.

월드 뉴스

다케시마의 날은 일본 불법 점유의 날

　일본은 독도가 일본 땅이라고 주장해요. 교과서에도 독도를 일본 영토라 표기해 학생들을 가르치고 있지요. 일본은 독도를 다케시마라고 부르는데, 2월 22일을 '다케시마의 날'로 정해 기념식을 열고 있어요. 다케시마의 날은 어떻게 정해진 걸까요? 1900년대 독도에서는 강치잡이가 활발했어요. 강치잡이를 독점하기 위해, 일본 어부들은 일본 정부에 독도를 일본 땅으로 편입시켜 달라고 요청했어요. 그래야 조선 어부들이 마음대로 물고기를 잡을 수 없으니까요. 또한 당시 일본은 러일 전쟁 중이었는데, 적군의 함대를 감시하기 위한 망루를 세우기에도 독도는 좋은 위치에 있었어요. 시마네현은 1905년 2월 22일, 독도를 시마네현의 땅이라고 마음대로 발표했어요. 1904년 한일 의정서와 1905년 을사늑약을 체결한 조선은 아무런 힘이 없었어요. 일본이 군사 목적으로 우리 땅을 언제든 사용할 수 있었

고, 외교권까지 박탈당한 상태였지요.

일본은 을사늑약 이전부터 독도를 일본 영토로 사용해 왔으며, 일본 어부들이 지배했던 땅이기 때문에 일본 땅이라 주장하고 있어요. 그러나 대한민국 정부는 1900년 10월 25일 '대한 제국 칙령 제41호'로 독도를 이미 울도군(울릉도)의 관할 구역으로 규정해 두었어요. 일본이 넘보지 못하도록 세워 둔 방편이었지요.

일본은 대한 제국에 독도에 대한 어떤 설명이나 통보도 하지 않았어요. 강제로 대한 제국의 땅을 빼앗아 버린 거예요. 그리고 일본이 독도를 불법 점유한 지 100년이 되던 2005년 2월 22일을 다케시마의 날로 지정하며, 본격적인 독도 탈취 작전을 펼치고 있어요.

기록이 말하는 독도의 주인

일본은 18세기에 이미 독도를 일본 땅으로 표기했다고 말하고 있어요. 〈개정일본여지노정전도〉를 비롯해 일본의 여러 지도와 자료에 독도가 나와 있다고 말이지요. 일본이 가장 처음 독도에 대해 기록한 책은 1667년에 만들어진 《은주시청합기》라는 책이에요. 이 책에 의하면 오키섬에서 이틀을 가면 독도가 있고, 거기서 다시 한나절을 가면 울릉도가 있다고 기록되어 있어요. 그리고 '이 두 섬은 사람이 살지 않는 땅으로 고려를 보는 것이 운주(시마네현 동부)에서 은주(오키섬)를 보는 것과 같다. 그러한즉 일본의 북쪽 경계는 이 주까지로 한다.'라는 구절에서 '이 주'가 울릉도와 독도를 가리키는 것인지, 오키섬을 가리키는 것인지 논쟁을 일으키고 있어요. 일본은 '이 주'가 울릉도와 독도를 가리킨다고 주장하지만, 이는 문맥과 기록 전체의 내용을 무시한 왜곡된 해석이에요.

신증동국여지승람 팔도총도 (출처: 위키미디어커먼스)

그렇다면 우리 기록에는 독도가 어떻게 표현되어 있을까요? 독도에 대한 가장 오래된 기록은 1145년 고려 시대 김부식이 쓴 《삼국사기》예요. 신라 지증왕 13년, 이사부 장군이 우산국을 정복하여 신라 땅으로 두었어요. 우산국은 울릉도와 독도를 말해요. 그러니까 신라 지증왕 때부터 신라가 독도를 지배했던 것이지요.

조선 시대에 만들어진 지리책과 지도에서도 독도를 볼 수 있어요. 1454년에 만들어진 《세종실록지리지》, 1530년에 만들어진 《신증동국여지승람》의 〈팔도총도〉 등에는 분명하게 독도가 표기되어 있어요. 일본의 기록보다 훨씬 오래된 기록들이에요.

일본이 이미 포기했던 땅 독도

사실 일본에서는 오래전부터 독도를 일본 영토가 아니라고 여러 번 말해 왔어요. 1693년 조선의 안용복은 울릉도 바다에서 고기를 잡다 마주친 일본 어부들과 실랑이를 벌였어요. 결국 일본으로 끌려가게 되었지만,

조선 영토인 울릉도에 조선 사람이 갔을 뿐인데 잡아가는 까닭이 무엇이냐며 논리적으로 일본 태수*에게 항의했어요. 태수는 막부**에 어떻게 하면 좋을지 서신을 보냈어요. 이 서신을 본 막부에서 돗토리번에 상황을 물어보자, 영주는 울릉도와 독도가 일본 땅이 아니라고 보고했고, 이 사실을 기록으로 남겨 두었어요.

 1870년 일본 메이지 정부 때에도 울릉도와 독도를 조선 땅이라고 설명한 기록이 남아 있어요. 메이지 정부는 조선과 새로운 외교 관계를 맺기 위해 관리를 시켜 조선을 조사하도록 했어요. 이때 작성된 《조선국교제시말내탐서》라는 보고서에 울릉도와 독도가 어떻게 조선 땅이 되었는지 그 과정이 기록되어 있어요.

* **태수** 예전에 지방의 행정 책임을 맡았던 벼슬의 한 종류.
** **막부** 12세기에서 19세기까지 일본을 통치한 무사 정권의 정부.

독도에 대한 국제 사회의 판결

1943년에 결의된 카이로 선언은 일본이 불법으로 차지하고 있는 땅들을 돌려줘야 한다고 규정했어요. 일본이 패망한 1946년에는 연합국 총사령부 역시 독도를 일본 영토에서 제외시켜야 한다고 발표했어요. 전쟁에 진 일본은 연합국들의 요구를 받아들였어요.

그런데 전쟁이 끝나고 몇 년 지난 후, 일본의 태도가 갑자기 바뀌었어요. 일본은 원래 독도가 일본의 땅이었으니, 국제사법재판소에 판결을 의뢰하자고 제안했어요. 당연히 우리 정부는 거절했지만 지금까지도 지속적으로 재판을 요구하고 있어요. 국제사법재판소는 분쟁 당사국인 두 나라가 함께 의뢰할 경우에만 재판을 진행할 수 있어요. 재판을 의뢰한다는 것 자체가 독도가 일본 땅일 수도 있다는 여지를 허용하는 것이기 때문에 우리는 받아들일 수 없어요.

독도를 포기하지 않는 이유

독도는 두 개의 작은 섬으로 이루어져 있어요. 등대와 독도 경비대 등 관리·군사 시설이 있지만 사실, 일반인들이 살기에는 척박한 땅이에요. 그런데 한국과 일본, 두 나라 모두 왜 독도를 포기할 수 없을까요? 독도가 경제적·군사적으로 중요한 곳이기 때문이에요.

독도 주변의 바다에는 다양한 물고기들이 살고 있어요. 명태, 오징어, 연어를 비롯해 소라, 전복, 해조류 등 풍부한 바다 생물이 분포하고 있어요. 그뿐만 아니라 바닷속 깊은 곳에는 해저 광물 자원이 묻혀 있어요. 해저 광물 자원을 개발하면 매년 11조 원 이상의 경제적 이득을 얻을 수 있을 거라고 해요.

독도는 군사적 거점으로서도 아주 중요한 위치를 차지하고 있어요. 일본은 러일 전쟁을 치르면서 그 중요성을 알게 되었어요. 독도를 차지함으로써 주변 바다뿐 아니라 러시아와 한반도의 동태를 잘 파악할 수 있거든요.

일본이 독도를 포기할 수 없는 이유에는 외교적인 문제도 포함되어 있어요. 현재 일본은 우리나라뿐 아니라 중국, 러시아와도 영토 분쟁을 치르고 있어요. 19세기 초반, 전 세계적으로 전쟁이 벌어지고 국경이 혼란스러웠던 시기에 일본이 점유했던 땅들이에요. 일본은 독도 영유권을 포기할 경우, 중국, 러시아와의 협상에서 불리해질 수 있기 때문에 뜻을 쉽게 굽히지 않아요. 경제적·군사적·외교적인 이유로 일본은 앞으로도 독도에 대한 영유권 주장을 끈질기게 이어갈 것으로 예상돼요.

독도 (출처: 외교부)

얍얍! 팩트 체크 ✓

울릉도와 독도는 신라 때부터 우리 땅이었어요. 일제 강점기에 강제로 빼앗아 갔던 땅을 자기네 땅이라고 우기면 곤란해요.

이어도 하늘에 뜬 중국 정찰기

오늘도 이어도 바다에는 중국 어선이 쫙 깔렸군.

거 배끼리 거리 좀 벌립시다!

장위

에헤이~ 까칠하긴.
이제 여긴 한국 바다도 아닌데 뭘.
엊그저께 우리 정찰기 하늘에 뜬 거 봤지?
바다도 하늘도 나눠 쓰자고~ 어?

나눠 쓰기 좋아하시네.
남의 나라 방공식별구역을
멋대로 침범한 게 자랑인가?

장위

침범이라니, 정찰이라지 않나.

그럼 내가 그쪽 그물 좀 정찰해야겠네.
아까 보니 유난히 그물이 촘촘한 것 같던데.
불법 조업 신고 번호가….

장위

앗, 이 사람이! 잠깐마안!

 보이스톡

중국 정찰기, 이어도 부근 한국방공식별구역* 침범

 지난 29일, 중국 정찰기가 이어도와 제주도 사이의 해역을 비행하며 한국방공식별구역(KADIZ)을 침범했다. 중국 정찰기는 이미 여러 차례 아무런 통보 없이 이를 침범한 바 있다. 국방부와 외교부 관계자들은 이러한 중국의 움직임을 이어도 영유권 주장을 위한 포석**이라 보고 있다. 해당 해역을 정찰하며, 한국과 일본의 군사 정보를 수집하고 이어도 영유권을 얻기 위해 군사적 명분을 축적하고 있다는 분석이다.

해양 일보

* 한국방공식별구역 군사·안보의 목적으로 대한민국 영공 외곽의 일정 지역 상공에 설정한 방공 책임 구역.
** 포석 앞날을 위하여 미리 손을 써 준비함.

서로 다른 배타적 경제 수역

지구의 70%는 바다로 덮여 있어요. 영토와 마찬가지로 나라마다 다스리는 바다가 정해져 있어요. 땅끝에서 약 22km(12해리) 거리의 바다까지는 접한 나라의 영해예요. 영해와 함께 바다를 끼고 있는 나라가 관리할 수 있는 바다가 또 있어요. 땅끝에서 약 370km(200해리) 거리까지는 배타적 경제 수역(EEZ)이라 불러요. 역시 인접한 나라가 관할하는 바다예요. EEZ 안의 모든 해양 자원에 대해서도 그 나라가 독점적 권리를 갖게 되고요. 다른 나라의 EEZ 안에서 물고기를 잡으려면 그 나라의 허락을 받아야만 해요.

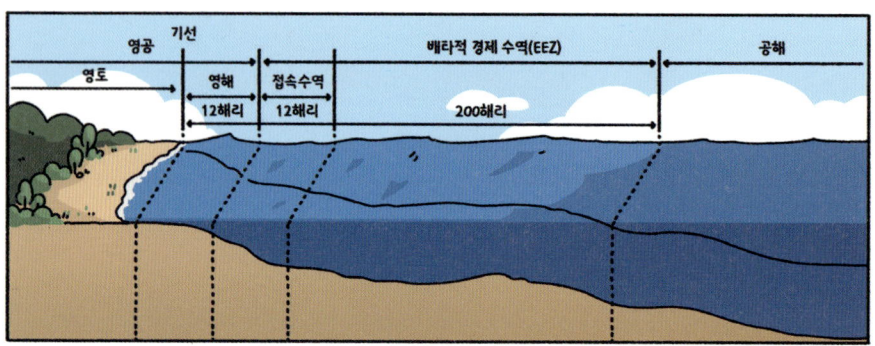

EEZ는 200해리나 되기 때문에 지리적으로 가까이 있는 나라 사이에서 가끔 분쟁이 발생하기도 해요. 우리나라와 중국처럼 말이에요. 우리나라와 중국이 겹치지 않는 EEZ를 갖기 위해서는 적어도 400해리, 즉 540km 이상 떨어져 있어야 해요. 하지만 우리와 서해를 두고 마주 보고 있는 중국과의 거리는 400해리가 되지 않아요. 두 나라의 EEZ가 겹칠 수밖에 없어요. 이럴 경우 두 나라가 서로 합의해서 EEZ를 정하게 돼요. 두 나라의 가

운데 지점을 EEZ의 기준으로 정하는 것이 국제법상 관례예요.

  중국과 한국은 현재 각자 다른 EEZ 선을 주장하고 있어요. 중국은 서산다오섬으로부터 200해리까지를 EEZ로 정하였어요. 그 안에 이어도가 포함되어 있어요. 그렇다면 이어도는 우리나라 땅에서 얼마나 멀리 있을까요? 국토의 가장 남쪽인 마라도에서 약 149km 떨어져 있어요. 중국의 서산다오섬보다 100km 가까워요. 수역이 겹칠 경우 두 나라가 협의를 통해 EEZ를 정한다고 하지만, 국제법상 중간선의 원칙에 따라 구분 짓는다고 해도 이어도는 우리 해역에 속해요.

  연안국의 EEZ 권리를 인정하는 유엔 해양법은 1994년부터 법적 효력을 발휘하게 되었어요. 우리나라의 경우 1996년 EEZ를 선포했고요. 2001년 한중 어업 협정에 따라 한국과 중국이 이어도 유역에서 공동 조업을 하게 되었지만, 이는 어업에만 한정된 조약이에요. 실질적인 해안 경계를 나누는 EEZ는 여전히 결정짓지 못하고 있어요.

한국에서 관할해 왔던 이어도

이어도는 사실 영토 분쟁이 일어날 수 없는 곳이에요. 섬이 아니거든요. 우리나라 가장 남쪽에 있는 섬, 마라도에서 남서쪽으로 149km 떨어진 곳에 있는 수중 암초예요. 평상시에는 바다에 잠겨 보이지 않아요. 이어도의 가장 꼭대기는 수중 4.6m 깊이에 있어요. 파도가 10m 이상 칠 때 가끔 볼 수 있어요.

이어도는 바다 교통의 요지예요. 태평양으로 가거나 우리나라 바다로 들어가기 위해 꼭 거쳐야 하는 곳이에요. 우리 정부는 1951년에 국토 규명 사업의 목적으로 이어도 탐사를 진행하고, '대한민국 영토 이어도'라고 새긴 동판을 가라앉혔어요. 또한 1980년대 이후 배들이 안전하게 지나다닐 수 있도록 이어도에 등부표를 설치해 왔어요. 하지만 워낙 파도가 세서 매번 부서지거나 사라져 버렸어요.

이후 좀 더 튼튼하고 안전한 시설물을 만들기 위해 1995년부터 이어도 주변의 지형과 조류를 조사했어요. 그리고 2003년, 이어도 해양과학기지를 세웠지요. 이어도 해양과학기지는 이어도의 해양, 기상, 환경을 관측하여 태풍과 같은 자연재해를 예방하는 데 도움을 주고 있어요.

이어도 해양과학기지 (출처: 국립해양조사원)

우리 정부가 이어도를 한국 수역에 포함시킨 것은 아주 오래된 일이에요.

1952년 이승만 대통령이 선포한 '평화선'에도 이어도가 포함되어 있었어요. 하지만 그 당시 중국은 어떠한 문제도 제기하지 않았어요.

갑작스러운 중국의 주장, 그 이유는?

2000년대 후반부터 중국은 이어도 해양과학기지의 설립을 두고 불만을 표시하기 시작했어요. 2013년에는 일방적으로 이어도를 중국의 방공식별구역(CADIZ)에 포함시켜 정기 순찰을 하겠다고 발표하면서 분쟁이 겉으로 드러나게 되었어요.

최근 들어 중국은 국경이 맞닿아 있는 주변 국가들과 많은 영토 분쟁을 일으키고 있어요. 중국의 이런 분쟁에는 경제적 이득과 전략적인 지형 확보라는 큰 목적이 있어요. 이어도 주변 바다는 경제적으로 높은 가치를 갖고 있으며, 군사적으로도 아주 중요한 곳이기 때문이에요.

이어도는 필리핀 동쪽을 지나는 구로시오 해류와 서해의 한류, 중국 대륙의 지하수와 강물이 만나는 곳으로, 다양한 종류의 물고기가 살고 있어요. 어획량이 풍부할 뿐 아니라 천연가스와 석유가 묻혀 있을 것으로 예상돼요.

이곳은 군사적으로도 중요한 곳이에요. 우리나라에서 중국과 동남아시아, 유럽으로 가기 위해 지나야 하는 길목이에요. 주변의 바다 상황을 파악하기에도 안성맞춤이에요. 이어도에 레이저 탐지 시설을 세운다면 남중국해나 태평양의 군사 움직임을 잘 파악할 수 있어요. 이러한 이유 때문에 중국은 이어도를 포기하지 않고 있어요.

한 걸음 더

전설 속 섬이었던 이어도

이어도는 1900년 처음 발견되었어요. 도쿄에서 출발해 상하이로 가던 영국 상선 소코트라호가 마라도 근처 바다에서 커다란 암초와 부딪힌 거예요. 부딪혀 좌초된 배의 이름을 따서 이 암초를 '소코트라 락(Socotra Rock)'이라 부르게 되었어요. 1980년대 우리나라에선 '파랑도'라 불리기도 했지만, 2001년 국립해양조사원이 공식적으로 '이어도'라는 이름을 붙였어요.

상선에 부딪혀 발견되기 전까지, 이어도는 제주도 사람들에게 전설 속 섬으로 여겨지곤 했어요. 험한 바다에 빠져 돌아오지 못한 어부들이 살고 있는 곳이라 생각했지요. 제주도 해녀들 사이에선 〈이어도 사나〉라는 민요가 전해졌어요. 이별 없는 영원한 세상을 염원하며 불렀던 노래예요.

얍얍! 팩트 체크 ✓

2003년에 해양과학기지를 설치하고, 1980년대부터 우리나라에서 관리해 온 이어도는 명백한 우리 영역이에요.

고구려와 발해의 땅 만주와 간도

마틴
달에서도 만리장성이 보인다는 거 진짜야?

빌리
나도 그 말 믿었는데, 안 보인대.

옌
어허~
만리장성이 이번에 더 길어졌는데도?

빌리
더 길어지다니?

옌
압록강 지역의 호산장성이
만리장성의 일부였던 것으로 밝혀졌거든!

마틴
헐~ 그럼 이제 이만 리 장성인 거야?

이만 리는 개뿔!

압록강 지역은 옛 고구려 영토라고.
고구려의 박작성을 멋대로
만리장성이라 우기면 어떡해?

만리장성 길이 두 배로 늘어나 선 넘은 중국의 동북 공정

중국이 주장하는 만리장성의 길이가 점점 길어지고 있다. 1987년 유네스코 세계 문화유산 등재 당시 만리장성의 길이는 약 6,000km였으나, 2009년 중국 정부는 이를 8,851.8km로 정정한다. 급기야 2012년 중국 문물국은 만리장성의 동쪽 끝을 무단장시, 서쪽 끝을 신장 웨이우얼 자치구로 계산해, 총길이가 약 21,196.18km에 이른다고 발표했다. 이는 옛 고구려와 발해 영토까지 포함한 것이며, 고구려를 중국 역사에 편입시키려는 동북 공정의 논리이다.

문화 뉴스

고구려 박작성이 만리장성?

중국은 압록강 지역의 호산장성이 만리장성의 일부로 확인됐다고 발표했어요. 그리고 검증에 나선 우리나라 역사학자들은 놀라운 사실을 밝혀냈어요. 중국이 근거로 제시한 호산장성의 유물이 고구려의 흔적이었기 때문이에요.

옛날부터 중국과 고구려는 성을 쌓는 방법이 아예 달랐어요. 고구려에서는 쐐기돌을 육합 쌓기로 쌓고 뒤쪽에 돌을 맞물려 받쳤어요. 반대로 중국에서는 흙을 다져 벽을 만든 후, 바깥면에 벽돌을 쌓아 만들었어요. 그런데 호산장성에서 발견된 성벽은 전형적인 고구려의 축성 방식이었어요. 성벽의 흔적과 함께 돌우물도 발견되었는데, 이 또한 쐐기돌을 이용해 만들어진 것이었어요. 고구려는 군사들의 마실 물을 위해 성안에 우물을 지어 두었거든요. 하지만 중국은 이를 감추기 위해 우물을 메워 버렸어요.

역사학자들은 호산장성이 고구려의 박작성이었다고 말하고 있어요. 박작성은 고구려 연개소문이 만들었던 천리장성의 일부예요. 당나라의 침입

고구려 축성법   명나라 축성법

을 막기 위해 압록강 하구에 만든 성벽이었지요. 648년 당나라가 3만여 명의 군대를 몰고 와 박작성 주위에 군영을 설치하자, 성주로 있던 소부손이 보병과 기병 1만 명을 이끌고 나와 항거했다는 기록이 《삼국사기》에 남아 있어요.

호산장성을 처음 발굴했을 때 중국 발굴단은 보고서에 쐐기돌과 돌우물을 발견했다고 기록했

호산장성 입구 (출처: 위키미디어커먼스)

어요. 하지만 중국 정부는 이를 무시하고 고구려의 흔적들을 덮은 후 가짜 만리장성을 쌓았어요. 발굴 당시 발견한 유물들은 호산장성 부근의 박물관에 전시해 놓았어요. 고구려에 관한 이야기는 쏙 빼고 명나라와 한족에 대한 이야기만 설명해 놓은 채로요.

고구려와 발해는 중국의 지방 정권?

중국은 고구려와 발해의 역사를 중국 역사에 편입시키려고 호시탐탐 기회를 엿보고 있어요. 가장 먼저 중국이 주장하는 '기자 조선설'에 대해 살펴볼게요. 기자 조선설은 은나라 관리였던 기자가 고조선으로 넘어와 나라를 세웠다는 이야기예요. 중국은 기자 조선설을 통해 고조선 이후 한반도에 세워진 나라가 중국 지방 정권의 일부였다고 주장해요. 만약 그 사실이 맞다면 당시 중국과 고조선의 문화가 비슷해야 하는데 전혀 달랐어요.

비파형 동검 (출처: 국립중앙박물관)

중원식 동검 (출처: 위키미디어커먼스)

고조선 유적지에서 발견된 비파형 동검은 황하 유역의 중원식 동검과 뚜렷하게 구분돼요. 전형적인 비파형 동검의 형태는 아랫부분의 폭이 넓고 둥근 모양을 이루며, 중앙보다 약간 위에 돌기가 튀어나와 있는 것이 특징이에요. 또한 검의 날과 자루를 따로 만들어 조립하는 형식으로, 한 몸으로 만드는 중원식 동검과는 차이가 있어요. 동검뿐만 아니라 은나라에서 사용했던 갑골문의 흔적도 고조선 유적에선 찾아볼 수 없지요.

과연 고구려 민족은 고대 한족의 한 갈래였을까요? 한반도와 중국에는 각각 다른 민족들이 살고 있었어요. 한반도에 자리를 잡았던 사람들은 예맥족으로 고조선의 중심 세력이었어요. 고조선 이후에도 부여와 고구려라는 새로운 국가를 만들어 한반도에 뿌리를 내렸어요.

고구려와 발해의 힘은 한반도를 넘어 만주와 간도 지방까지 미쳤어요. 지금의 중국 헤이룽장성, 지린성, 랴오닝성이 있는 곳이지요. 이 지역은 고조선 시대부터 우리 민족이 살아온 곳으로 다양한 고구려 유적들이 발견되었어요. 중국 정부에서는 고구려 멸망 후 대다수의 고구려 유민이 당나라에 흡수되었다며, 고구려 문화가 중국 지방 문화라고 홍보하고 있어요. 멸망한 국가의 유민들 중 일부가 중국으로 넘어간 것은 사실이에요. 하지만 그들은 스스로를 고구려 사람이라 인식했으며, 훗날 발해가 세워지면서 많은 사람들이 다시 한반도로 넘어왔어요.

중국의 B 포털 사이트 백과사전은 고구려가 중국의 지방 정권 중 하나였다고 설명하고 있어요. 고려가 고구려를 계승했다는 사실을 부정하면서 말이에요. 그러나 고려를 침입한 소손녕에게 서희는 '우리나라는 고구려의 옛 땅이므로 '고려'라 이름하고 평양을 도읍으로 한 것.'이라 명확하게 밝혔어요.

또 중국 학계에는 발해를 세운 대조영뿐만 아니라 발해를 이룬 주요 민족이 말갈족이라 주장해요. 말갈인이 발해의 건국에 참여하였고 주민에 포함되었던 것은 사실이에요. 그러나 그들은 어디까지나 피지배층이었고, 나라를 세우고 국정을 운영했던 지배층은 고구려 유민이었어요. 중국의 역사서 《구당서》에서도 '발해말갈 대조영은 고려별종'이라 하여 그가 고구려 사람이었다는 것을 밝히고 있어요.

동북 변경 지방에 관한 연구, 동북 공정

중국에서는 2002년부터 2007년까지 동북 변경 지방의 역사와 현상에 관한 연구를 진행했어요. 처음 계획된 것은 5년이었으나 지금까지도 계속되고 있어요. 동북 변경 지방은 동북 3성, 즉 헤이룽장성, 지린성, 랴오닝성을 말해요. 이 연구를 '동북 공정'이라 하지요. 중국 국경 안에서 이루어진 모든 역사를 중국 역사의 일부로 만들기 위한 연구였어요. 그 과정에서 고조선, 부여, 고구려, 발해의 역사를 모두 중국의 역사라 왜곡했어요.

그렇다면 1500여 년 전의 역사를 왜 중국 역사에 포함시키려 하는 걸까요? 간도 지방에 대한 영유권 주장을 가장 큰 이유로 꼽고 있어요. 동북 변경 지방이 속해 있는 간도 지방은 대한 제국 시절에는 우리나라 땅이었어요. 19세기 조선과 청나라는 간도 지방에 대한 영유권을 두고 다툼을 벌이고 있었어요. 그런데 1905년 일본이 대한 제국의 외교권을 박탈한 후 청나라에 일방적으로 간도를 넘겨 버린 거예요. 이에 대한 대가로 일본은 남만주 철도 부설권과 푸순 탄광 개발권을 넘겨받았어요. 주권을 빼앗긴 상태에서 간도의 영유권이 넘어간 거예요.

중국은 한반도가 통일되면 간도에 대한 영유권을 주장할 것이라 생각하고 있어요. 동북 공정을 통해 나중에 발생할 영토 분쟁에 대비하려는 계획이지요. 해당 지역이 얼마나 오랫동안 중국의 통치 아래에 있었는지 증거를 만들어 가고 있어요.

동북 공정은 조선족의 이탈을 막기 위한 방책이기도 해요. 중국에는 약 55개의 소수 민족이 살고 있어요. 한국의 경제력과 국력이 커지면서 조선족이 모국으로 돌아가려는 움직임 또한 커지고 있어요. 중국에서는 조선족의 이탈을 막기 위해, 조선족이 중국에 뿌리를 둔 민족이라는 사실을 계속 강조하고 있어요. 동북 공정은 역사, 문화 등 다양한 방면에서 계속 진행되고 있어요.

한 걸음 더

역사 왜곡을 막기 위한 우리의 노력

2004년 중국은 광개토 대왕릉비를 비롯해 고구려 왕국의 첫 수도였던 국내성 등 고대 고구려의 유적들을 유네스코 문화유산으로 등재시켰어요. 이후 공공연하게 고구려를 중국의 지방 정권으로 소개하며 역사 왜곡 문제가 심각해졌어요.

우리나라에서는 공식 외교 채널을 통해 중국에 항의하고, 잘못 알려진 문제를 바로잡기 위해 노력하고 있어요. 또한 정부의 활동과 별개로 역사 왜곡을 바로잡기 위한 사람들의 움직임이 이어져 오고 있어요. 1999년에 설립된 사이버외교사절단(VANK)은 외국에서 발생하는 역사 왜곡에 앞장서서 대응해 왔어요. 한국은 역사적으로 중국의 속국이었다고 주장하는 중국 누리꾼들에 맞서 바르게 설명한 역사 영상을 만들어 유튜브에 올리기도 하고, 외국 교과서에 잘못 표시된 정보를 찾아 항의 메일을 보내 수정을 요구하고 있어요.

얍얍! 팩트 체크 ✓

한민족이 살았던 만주와 요하 지역, 지금 중국 땅이라고 해서 역사까지 중국 역사가 될 수는 없어요.

3장.
음식 편

김치 VS 파오차이 세계 표준 논란
중국으로 건너간 고려의 상추쌈
삼계탕이 광둥식 가정 요리라고?

김치 VS 파오차이 세계 표준 논란

진짜 맛있는 김치볶음밥 레시피 공유할게.

을~매나 맛있는지! 다들 한번 먹어 봐.

차오

오, 김치볶음밥! 한국 드라마에서 봤던 건데, 맛있어 보여!

옌

오~ 한국인들은 파오차이를 밥에 볶아 먹는구나.

파오차이라니, 이건 김치야.

키코

에이~ 기무치 갖고 다들 뭐 하는 거야? 우리 일본 기무치는 맵지도 않아서 너희들 입맛에도 딱 맞을걸? 먹어 봐~

다들…고춧가루 맛 좀 보고 싶어?

김치의 세계 표준이 파오차이?
왜곡 보도 논란

　중국의 한 언론 매체에서 '파오차이가 김치 산업의 세계 표준'이라고 왜곡 보도해 논란을 일으켰다. 2020년 11월 중국의 채소 절임 '파오차이'가 국제표준화기구(ISO) 표준 인증을 받은 것을 알리며, '김치 종주국 한국이 치욕을 당했다.'고 도발한 것이다. 이들은 파오차이가 전 세계 김치의 표준이 됐다는 주장을 펼쳤다. 또한 중국의 B 포털 사이트에서는 '김치는 중국의 유구한 문화유산이며 김치의 기원은 중국'이라는 내용을 사전에 기재하기도 했다. 이는 전부 왜곡된 내용이며, 국제표준화기구는 '파오차이의 표준에 김치는 적용되지 않는다.'라고 밝혔다.

뉴스 하이파이브

파오차이와 김치, 같은 음식일까?

몇 년 전부터 인터넷을 중심으로 김치의 원조가 파오차이라는 이야기가 떠돌기 시작했어요. 김치는 한 번도 의심해 본 적이 없는 한국 전통 음식이었기 때문에 사람들은 매우 놀랄 수밖에 없었어요. 김치가 중국 파오차이의 한 종류라는 이야기는 어디서부터 생겨난 이야기일까요?

2020년 11월 중국의 한 언론 매체에 김치 관련 기사가 크게 보도되었어요. 중국이 국제 김치 산업의 표준을 만들게 되었다는 내용이었어요. 우리 정부는 주중 대사관을 통해 김치와 파오차이는 전혀 다른 음식이라고 반박했어요. 하지만 중국 정부는 이를 명확히 밝히지 않고, 오히려 '중국 음식 파오차이를 한반도에서는 김치라고 부른다.'라고 말해 분란을 더 키웠어요.

김치 (출처: 세계김치연구소)

파오차이 (출처: 위키미디어커먼스)

김치는 과연 중국의 파오차이에서 유래한 음식일까요? 이제 하나씩 사실을 짚어 보기로 해요.

중국에서는 무나 오이, 배추, 고추 등 채소를 데치거나 말린 후 소금물, 식초, 술을 넣고 저장한 음식을 파오차이라 부르고 있어요. 짭조름하면서도 신맛이 강하게 나는 것이 특징이에요. 《시경》이나 《설문해자》같은 중국 옛날 책에 '저(菹)'라는 이름으로 기록되어 있어요. 김치보다는 우리나라의 오이지나 장아찌에 가까운 모습이에요.

김치는 절인 배추와 여러 종류의 채소를 양념으로 활용해 만드는 음식이에요. 삼국 시대부터 채소를 소금이나 장류에 절여 먹었지만, 젓갈과 붉은 양념을 쓰지 않아 지금의 김치와는 다른 음식이었어요.

고려 시대가 되면서 마늘, 생강, 파 등 다양한 양념과 채소를 사용한 형태로 발전해요. 겨울을 대비해 김장을 하는 풍습은 고려 시대부터 이어져 왔어요. 《동국이상국집》에 실린 〈가포육영〉이라는 시에는 그 당시 김장 문화가 잘 나타나 있어요. 무를 장에 넣으면 한여름에 좋고, 소금에 절이면 긴 겨울을 버틴다고 기록하고 있어요.

조선 시대가 되면 김치에 넣는 재료가 더욱 다양해져요. 새우나 굴 등 다양한 재료로 영양도 보충하고, 맛도 다채로워졌어요. 임진왜란을 기점으로

우리나라 김치의 발전

고추가 음식에 본격적으로 쓰이면서 김치에도 변화가 생겼어요. 바로 매운 맛의 빨간 김치가 탄생한 것이지요. 1800년대 중반쯤에는 속이 꽉 찬 배추를 육종하는 데 성공했어요. 그때부터 지금과 유사한 모양의 통배추김치를 만들어 먹게 되었답니다.

파오차이는 채소를 소금이나 식초에 절여 완성해요. 반면 김치는 1단계에서 배추, 무 등의 채소를 소금에 절인 후 2단계에서 고춧가루, 파, 마늘, 생강 등 다양한 부재료로 양념을 해 발효시켜요. 생채소를 두 단계에 걸쳐 발효시키는 식품은 세계에서 김치가 유일하지요.

구분	김치	조미파오차이	사천파오차이
김치 속성	발효	절임	발효
저장 유통	저장 유통 중 지속 발효를 통한 영양 기능성 물질 생산	살균	살균
김치 유형	일반 김치, 물김치	양념 혼합 형태	물김치 형태
염도	1.5 ~ 2.5%	5%	2%
절임 방법	단시간 절임(24시간 미만) → 식감, 공정과 연관	수 개월 ~ 1년	별도 절임 없음(염수 적용)
향신 양념	고추, 마늘, 생강, 미나리, 갓 등	매우 다양	고추, 팔각, 월계수 등

김치와 파오차이 비교 (출처: 세계김치연구소)

ISO 파오차이 규격에 김치는 제외

중국을 비롯해 일본 등 몇몇 나라에서 ISO가 규정한 파오차이의 규격이 마치 김치 등 다양한 발효 식품에 모두 적용되는 것처럼 보도하고 있어요. 그러나 파오차이에 대한 ISO의 규격 내용을 자세히 살펴보면, '해당 식품의 규격은 김치에 적용되지 않는다.'라고 정확하게 표시하고 있어요.

　ISO에서 표준으로 정한 파오차이는 소금과 산초 잎, 고수 등을 물에 넣고 끓인 다음 식힌 후 각종 채소를 넣고 절이는 것이에요. 한국의 김치처럼 배추를 짧게 절인 후 양념을 넣어 발효시키는 과정은 아예 언급되어 있지 않아요.

한 걸음 더

김치 VS 기무치

　김치 종주국에 대한 논쟁은 이전에도 있었어요. 일본은 김치를 기무치라고 바꿔 부르며, 일본의 전통 음식으로 만들기 위해 오랫동안 노력해 왔어요. 1993년 빌 클린턴 대통령이 일본을 방문했을 때 기무치를 대접하고, 1996년 애틀랜타 올림픽에서 기무치를 일본 공식 식품으로 신청했어요. 1997년 국제식품규격위원회(CODEX)에서 김치의 정식 이름을 놓고 한국과 경쟁했지만, CODEX는 김치의 국제적 표기를 'Kimchi'로 결정했어요. 그리고 2001년, 또 한 번 CODEX에서 한국의 김치가 국제 식품 표준으로 인정을 받으면서 논란은 일단락되었지요.

얍얍! 팩트 체크 ✓

파오차이도 기무치도 아닌 김치, 갖은 채소를 절이고 양념에 버무린 세계 유일의 발효 음식이에요.

중국으로 건너간 고려의 상추쌈

잭슨
고기라면 뭐니 뭐니 해도 스테이크가 최고 아니겠어?

타츠키
에이, 고기는 국물을 우려야 진짜지. 스키야키 최고!

메이
다들 상추쌈 안 먹어 봤으면 말을 마.
원난에선 고기를 이렇게 상추에 싸 먹는다고.

잠깐, 저건 우리 상추쌈이잖아.
상추쌈이 중국 음식 문화라니,
거짓말 쌈 싸 먹는 소리 좀 하지 마!

메이
거짓말 아니야.
중국 유튜버가 직접 소개했단 말야!

중국 유튜버,
중국 전통 음식으로 '쌈' 소개

유튜버 D씨는 '시골 밥상' 콘텐츠로, 중국 윈난에서의 전원생활과 전통 요리를 소개해 왔다. 그런데 최근, 한국의 쌈 문화를 중국의 전통문화로 소개하여 논란을 빚고 있다. 호두기름에 고기를 구워 먹는 과정에서 상추에 마늘과 고추를 올린 뒤 쌈을 싸 먹는 장면이 연출된 것이다. 이에 한국 누리꾼들은 '중국에서는 생채소를 즐기지 않을뿐더러, 고기에 쌈을 싸 먹는 풍경은 조선족이 운영하는 한국식 고깃집에서나 볼 수 있는 풍경이다.'라고 지적했다. 이에 D씨와 제작사 측은 영상 댓글을 통해 '윈난에서 고기를 쌈에 싸 먹는 것은 보편적이다.'라고 해명했다. 하지만 최근 한푸, 김치의 원조를 따지는 문화적 충돌이 잦아지면서 한국과 중국 누리꾼들 간의 갈등은 더욱 격화되고 있다.

케이투데이

세계의 다양한 쌈 요리

다양한 음식 재료를 무언가에 싸 먹는 쌈 문화는 동서양에서 다양하게 발견돼요. 프랑스에는 크레이프, 멕시코에는 토르티야가 있고 베트남에는 월남쌈, 중국에는 춘빙이라는 요리가 있어요. 우리나라에도 구절판이라는 음식이 있고요.

멕시코의 토르티야, 베트남의 월남쌈, 한국의 구절판 (출처: 위키미디어커먼스)

그러나 이러한 쌈 요리와 상추쌈의 가장 큰 차이점은 바로 쌈의 재료예요. 다른 쌈 요리의 경우 밀가루를 익힌 전병이나 쌀가루를 말린 라이스페이퍼를 사용하지만, 상추쌈은 생채소를 그대로 먹어요. 상추뿐만이 아니라 깻잎, 배추 등 다양한 생채소를 쌈 재료로 쓰고 있지요.

음식 연구가들은 중국인들이 물 때문에 생채소를 먹지 않는다고 말해요. 물이 깨끗하지 않았기 때문에 오염된 물로 자란 생채소에는 기생충이 있을 수도 있어서예요. 그래서 중국에서는 예로부터 채소를 데치거나 볶아 먹었다고 해요.

삼국 시대부터 즐겨 온 우리 음식

우리나라에서는 삼국 시대부터 쌈 문화가 발달했어요. 신라 고분 천마총에서 구절판 모양의 칠기 찬합이 발견되었어요. 우리 조상들이 예전부터 쌈을 싸 먹었을 것으로 추정되는 중요한 증거예요.

이후 고려 시대에는 상추쌈 문화가 널리 퍼졌어요. 고려가 원나라와의 전쟁에 패하면서 많은 고려 여인들이 공녀로 끌려가게 되었어요. 원나라로 끌려간 공녀들은 궁궐 정원에 상추를 심어 음식을 싸 먹으며, 고향에 대한 향수를 달래기도 했어요. 이를 본 원나라 몽골인들이 따라 먹기 시작했고 몽골인들 사이에도 상추쌈이 유행했어요. 원나라의 양윤부라는 시인은 〈난언잡영〉이라는 시에서 고려의 상추를 '마고(표고버섯)의 향기보다 그윽한 것'이라고 표현했어요.

조선 시대에도 우리 조상들은 쌈을 즐겨 먹었어요. 서민 가정은 물론 왕

실에서도 상추쌈을 먹었다고 해요. 조선 말기에 쓰인 요리책, 《시의전서》에는 상추쌈 먹는 법이 자세히 나와 있어요.

"상추를 정히 씻어 다른 물에 담고
기름을 쳐서 저으면 기름이 상추에 다 배니 잎을 펴서 개어 담고,
고추장에 황육을 다져 넣고 웅어나 다른 생선을 넣어
파를 갸름하게 썰고
기름 쳐서 쩌 내어 불에 끓여 쌈에 싸서 먹는다.
쌈에는 세파와 쑥갓을 항상 곁들여 담으라."

한 걸음 더

수나라에서 천금에 팔리던 고구려 상추

상추는 기원전 4500년경 이집트 벽화에도 그려져 있을 만큼 인류가 오래전부터 키워 온 식물이에요. 고대 이집트에서 페르시아를 거쳐 중국을 지나 한반도에 전파되었을 것이라 추측하고 있어요. 오랜 시간 여러 지역에서 상추를 재배하면서 다양한 품종이 생겨났어요.

고구려와 고려의 상추는 중국에까지 소문날 정도로 유명했어요. 중국의 《천록지여》라는 책에 의하면, 고구려의 상추는 질이 좋아서 고구려 사신이 가져온 상추 씨앗은 아주 비싸게 팔렸대요. 그 값이 천금과 같다고 해서 상추를 천금채라 부르기도 했어요. 중국을 거쳐 받아들였던 상추를 더 맛 좋은 품종으로 키워 내 역으로 수출한 것이지요.

얍얍! 팩트 체크 ✓

같은 재료라도 나라마다 환경에 따라 먹는 방법이 달라요. 깨끗한 물로 씻은 생채소를 즐겼던 우리 선조들의 음식, 바로 상추쌈이에요.

삼계탕이 광둥식 가정 요리라고?

와, 오늘 진짜 덥다! 점심 메뉴 추천 좀.

 명위

이런 날엔 광둥식 치킨 수프가 딱이지!

이건 삼계탕이잖아.
삼복더위 때 먹는 한국 음식이라고.

 명위

에이, 중국 광둥에서 먹던 요리가 한국에 알려진 거겠지.
검색하면 다 나온다고, 이거 봐.

https://baike.boodo.

이건 잘못된 정보야.
안 그래도 더워 죽겠는데, 열받네 진짜!

중국 B 포털 사이트, 삼계탕 소개 논란

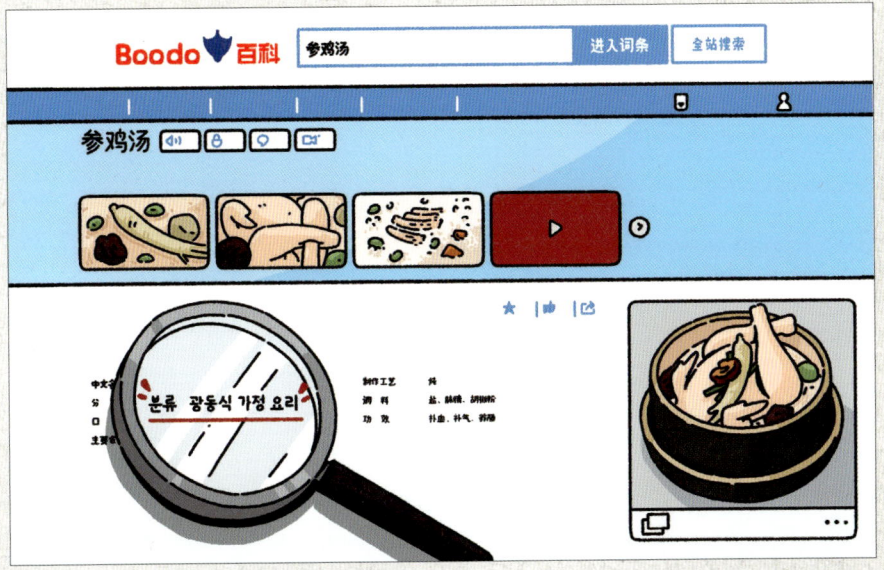

　최근 중국의 B 포털 사이트에서 삼계탕을 중국 전통 음식으로 설명하여 이에 대한 논쟁이 뜨겁게 일었다. B 포털 사이트는 중국에서 가장 이용자가 많은 곳으로, 많은 중국 네티즌들이 백과 서비스를 통해 주요 정보를 검색하고 있다. 그런데 검색창에 중국어로 삼계탕을 검색하면, 삼계탕을 중국 전통 음식으로 소개하고 있는 백과 페이지가 발견된다. 해당 백과 내용에 따르면 삼계탕은 '중국 고대 광동식 가정 국물 요리로서, 중국에서 한국으로 전해져 한국의 대표 궁중 요리로 자리매김했다.'라는 것이다. 이를 본 한국 누리꾼들은 김치에 이어 삼계탕까지 중국 음식으로 주장하는 것이냐며 크게 반발하고 있다.

클릭 뉴스

광둥식 가정 요리는 무엇일까?

광둥은 남중국해 연안의 지역으로 홍콩, 마카오와 가까운 지역이에요. 습하고 더운 날씨 때문에 몸을 보호하는 요리가 발달했어요. 특히 다른 음식을 먹기 전에 국물 요리로 먼저 입맛을 돋워요. 해산물이나 닭, 돼지, 소고기 등을 오래 끓인 음식이 많다고 해요.

라오훠량탕

광둥식 가정 요리 중에도 닭, 돼지고기와 채소를 함께 넣고 오래 끓여 먹는 음식이 있어요. 라오훠량탕이라고 부르며, 광둥의 대표적인 국물 요리로 손꼽혀요. 삼계탕과 라오훠량탕은 닭이 재료로 들어간다는 것과 오래 끓인다는 것을 제외하면 공통점을 찾기가 어려워요. 삼계탕은 특히 닭을 통째로 삶는다는 점에서 완전히 다른 방식의 요리지요.

일제 강점기에 시작된 삼계탕

그렇다면 삼계탕은 우리나라에서 언제부터 먹기 시작했을까요? 삼계탕은 뚝배기에 닭을 넣은 후 그 안에 인삼과 대추, 밤, 찹쌀 등을 넣어 오랫동안 끓여 내는 음식이에요. 삼계탕의 역사는 생각보다 그리 길지 않아요.

삼계탕

일제 강점기 이후 부잣집에서 닭백숙에 인삼 가루를 넣어 먹기 시작했어요. 많은 음식 연구가들은 이 음식을 삼계탕의 유래로 꼽고 있어요.

삼계탕의 역사는 짧지만, 옛날부터 우리나라에서는 닭백숙, 닭국을 만들어 먹었어요. 1600년대 문신 박정현의 일기인 《응천일록》에는 황계탕이 등장하고, 1773년의 《승정원일기》에는 연계탕이 기록되어 있어요. 모두 닭을 푹 삶아 국물을 마셨던 음식이었어요.

1917년 이화 여대 방신영 교수가 쓴, 《조선요리제법》에도 닭국 조리법이 자세히 나와 있어요. 닭의 배 속에 찹쌀 세 순가락과 인삼 가루 한 순가락을 넣고 잡아맨 후 끓이는 방법이 지금의 삼계탕과 비슷한 것을 알 수 있어요.

1950년대에는 계삼탕이라 불리기도 했어요. 가루로 들어간 인삼은 부재료였고, 닭이 주재료였기 때문에 '닭 계(鷄)' 자를 앞세웠어요. 하지만 1960년대 이후부턴 말린 인삼을 통으로 탕에 넣었어요. 삼이 몸에 좋다는 인식이 퍼지게 되면서 '삼 삼(蔘)' 자를 앞세워 삼계탕이 되었지요.

비록 60~70년 정도의 짧은 역사를 가진 음식이지만, 삼계탕은 한국을 대표하는 음식으로 세계인들로부터 사랑을 받고 있어요. 더위가 가장 심한 복날, 기력을 채워 주는 고마운 우리 음식이에요.

얍얍! 팩트 체크 ✓

한여름을 건강하게 나기 위해 먹는 우리나라 대표 보양 음식, 삼계탕. 중국의 닭 요리와는 전혀 다른 우리 음식이에요.

4장.
인물 편

조선족 시인이 된 윤동주
대한의 마라토너 손기정

조선족 시인이 된 윤동주

오늘 별 진짜 많이 떴다.

천유

그럴 땐 윤동주 시인의 시를 읊어 줘야지.
별 헤는 밤….

천유, 네가 윤동주 시인을 어떻게 알아?

천유

윤동주 시인이 내가 있는 룽징 출신이잖아.
여기 '조선족 애국 시인 윤동주' 비석이랑
생가도 있는걸?

윤동주 시인이 조선족이라고?

천유

그럼, 중국에서 태어났으니까.

그땐 조선족 개념이 생겨나기도 전이야.
별 헤는 밤 시를 끝까지 읽어 봐.
윤동주의 애국이란, 대한민국을 사랑하는 마음이야.

룽징 명동촌 '조선족 윤동주' 표기 논란

　지린성 옌벤 조선족 자치주 룽징의 명동촌에서 '명품 민속 마을' 착공식을 열었다. 당국에 따르면 윤동주는 중국 조선족 유명 시인이며, 윤동주 관련 관광 자원과 조선족 민속 문화를 통해 룽징 명동촌에 관광객을 유치할 계획이라고 밝혔다. 지난 2012년 지린성 옌벤 조선족 자치주 룽징에 있는 윤동주 생가를 복원하면서 입구에 '중국 조선족 애국 시인'이라고 적힌 비석을 세운 이후 논란은 끊이지 않고 있다.

케이아워 뉴스

윤동주는 중국 시인?

윤동주 (출처: 위키미디어커먼스)

중국인들이 가장 많이 이용하는 B 포털 사이트 백과사전에 '윤동주'를 검색하면 놀라운 정보가 나타나요. 윤동주의 국적은 중국, 민족은 조선족이라 나와 있어요. 중국이 윤동주의 민족과 국적을 이렇게 기록한 가장 큰 이유는 윤동주가 중국에서 태어났기 때문이에요. 윤동주의 출생지는 지린성 명동촌이었어요. 윤동주는 어떻게 이곳에서 태어나게 됐을까요?

지린성 명동촌은 중국 땅이었지만, 조선에서 이주한 한인들의 터전이었어요. 일제의 핍박이 심해지자 많은 사람이 만주나 간도 지방으로 옮겨 간 거예요. 윤동주의 할아버지도 이때 이주해 명동촌에 자리를 잡았고, 1917년에 윤동주가 태어났어요. 윤동주는 수많은 독립운동가를 길러 낸 명동학교를 다녔으며, 1935년 평양의 숭실중학교에 갈 때까지 명동촌에서 살았어요.

중국은 윤동주가 태어난 곳이 중국 땅이기 때문에 윤동주의 국적이 중국이라 주장하고 있어요. 국적은 개인이 속한 나라를 뜻해요. 국적을 부여하는 기준에는 출생지주의와 혈통주의가 있어요. 출생지주의는 태어난 곳을 관할하는 국가의 국적이 주어지는 것을 말해요. 혈통주의는 태어난 곳과 관계없이 부모의 국적을 따르게 하는 것을 말하고요. 우리나라는 혈통주의를 채택하고 있어요. 하지만 국적을 결정하는 데 무엇보다 중요한 것은 개인의 의지예요.

윤동주가 중국이 아니라 한민족 시인인 이유는 그의 시에 잘 나타나 있어요. 윤동주는 한글로 시를 썼고, 조국을 빼앗긴 설움을 그대로 표현했어요. 또한 그의 시 〈별 헤는 밤〉에서 패, 경, 옥과 같이 중국 이름을 가진 이들을 '이국 소녀'라고 지칭했지요. 윤동주의 조국은 분명한 조선이었어요.

 어머님, 나는 별 하나에 아름다운 말 한마디씩 불러 봅니다. 소학교 때 책상을 같이 했던 아이들의 이름과, 패(佩), 경(鏡), 옥(玉) 이런 이국 소녀들의 이름과, 벌써 애기 어머니 된 계집애들의 이름과, 가난한 이웃 사람들의 이름과, 비둘기, 강아지, 토끼, 노새, 노루, '프랑시스 잠', '라이너 마리아 릴케' 이런 시인의 이름을 불러 봅니다.
― 윤동주, 〈별 헤는 밤〉 중에서

 1949년 중화 인민 공화국이 수립된 후, 중국은 중국에 남아 있는 조선인들을 '조선족'이라 묶으며 중국의 소수 민족으로 규정했어요. 윤동주가 사망한 것은 1945년으로, 조선족 개념이 생겨나기 전이에요.

잘못된 정보, 중국은 방관할 뿐

B 포털 사이트의 잘못된 정보는 윤동주뿐만이 아니에요. 윤봉길을 비롯해 만주나 간도에서 활동했던 많은 독립운동가들의 민족을 조선족이라 표기하고 있어요. 2000년대 이후 중국 정부의 입장은 한결같아요. 중국 안에서 일어난 역사적 사건과 문화는 모두 중국 것이라 주장하고 있어요. 사이버외교사절단에서는 지속적으로 윤동주, 윤봉길 등 애국지사들의 잘못된 정보를 수정해 달라고 요청하고 있지만, 중국 측에선 어떤 움직임도 보이지 않고 있어요.

한 걸음 더

아름다운 청년 시인, 윤동주

윤동주는 일제 강점기의 시인이었어요. 그의 시집 《하늘과 별과 바람과 시》에는 〈별 헤는 밤〉 등 많은 아름다운 시가 수록되어 있어요. 윤동주는 저항 시인으로도 유명해요. 〈서시〉를 비롯해 〈자화상〉 같은 시를 통해 조국을 빼앗긴 민족의 아픔을 표현하기도 했어요.

윤동주는 일본에서 대학을 다니며, 다른 조선인 유학생들과 함께 독립운동을 했어요. 이 사실이 일본 경찰에 들켜 감옥에 갇히고 말아요. 그곳에서 갖은 고문을 당하던 윤동주는 해방이 되는 것을 보지 못하고 1945년 2월 세상을 떠나요. 비록 28살의 젊은 나이에 눈을 감았지만, 윤동주의 아름다운 시는 지금까지도 많은 사랑을 받고 있어요.

1942년, 일본 유학 중 고향에 온 윤동주(윗줄 오른쪽) (출처: 위키미디어커먼스)
윤동주 시집 《하늘과 바람과 별과 시》 (출처: 국립한글박물관)

얍얍! 팩트 체크 ✓

우리 민족의 정서를 맑고 아름답게 표현한 시인 윤동주. 독립군들이 망명해 있던 만주에서 태어났지만 그의 말과 시 그리고 정신은 완전한 조선인이었어요.

대한의 마라토너 손기정

하나

나 이번에 도쿄 올림픽 박물관 다녀왔어.
일본 금메달리스트들이 너무 자랑스럽더라.

어, 저건 손기정 선수 아냐?
손기정 선수는 한국 선수야.
1936년 베를린 올림픽 당시,
일제 강점기였기 때문에
일장기를 달고 출전했던 거라고.

하나

그래? 저기 걸려 있어서
나는 당연히 일본인인 줄 알았지.
국적에 대한 설명도 없었는걸?

그러니까 문제지.
다른 관람객들도 그렇게 오해할 거 아냐.

일본 올림픽 박물관
"손기정은 일본인 금메달리스트"

　대한민국의 마라톤 영웅 손기정이 '일본인 금메달리스트'로 도쿄 올림픽 박물관에 소개되었다. 역대 일본 금메달리스트들의 사진을 전시하는 코너에 손기정 선수의 얼굴이 걸린 것이다. 월계관을 쓰고 시상대에 서 있는 손기정 선수의 사진 아래에는 '손기정, 1936년 베를린 대회 육상 경기 남자 마라톤'이라는 문구가 달려 있으나, 그의 국적이 대한민국이라는 설명은 찾아볼 수 없다. 한국 유학생들은 '누가 봐도 일본인으로 오해할 수밖에 없는 상황이다.'라고 말하며, 이 사실을 제보했다.

골든 스포츠

일장기를 달고 달렸던 대한 제국의 마라토너

1936년 독일 베를린에서 11회 하계 올림픽이 열렸어요. 49개의 나라가 모여 경기를 치르게 되었죠. 그 당시 일제의 식민 상태였던 대한 제국의 국민은 일본 국적으로 올림픽에 참가할 수밖에 없었어요. 열악한 환경 속에서도 많은 대한 제국의 청년들이 올림픽 대표 선수로 선발되었어요. 그 가운데 손기정과 남승룡 선수도 포함되었어요.

여러 대회에서 마라톤 신기록을 가지고 있었던 손기정 선수는 사실 일장기를 가슴에 달고 대회에 참가하는 것 때문에 대회 참가를 두고 고민을 했어요. 하지만 세계에 나가 조선인의 우수성을 알리고 오라는 몽양 여운형 선생의 말이 그의 마음을 움직였어요.

월계수로 일장기를 가린 손기정 선수
(출처: 손기정기념재단)

올림픽 마라톤에서 금메달과 동메달을 딴 손기정, 남승룡 선수는 시상대에서 고개를 숙일 수밖에 없었어요. 그들의 가슴에는 일장기가 그려져 있었고, 게양대에는 일본 국기가 올라갔어요. 두 선수 모두 기미가요가 울려 퍼지는 순간 고개를 떨구었고, 손기정 선수는 월계수 나무로 일장기를 가렸어요. 비록 일본 국적으로 대회에 참가했지만, 자신을 일본인으로 알리고 싶지 않았던 것이에요.

잘못 쓰인 기록

국제올림픽위원회(IOC) 홈페이지에도 손기정 선수의 국적이 일본으로 남아 있어요. 그러나 대한올림픽위원회의 지속적인 요청으로 2011년, 손기정 선수의 소개 글이 수정되었어요. 새 소개 글에는 "한국이 일본에 강점돼 손기정과 동료 남승룡은 일본 이름으로 올림픽에 출전할 수밖에 없었다. 손기정은 열렬한 민족주의자였다."라고 기록되어 있어요. 하지만 메인 화면에 표기된 손기정의 일본식 이름과 일본 국적은 고쳐지지 않았어요. '올림픽 출전 시 등록된 이름과 국적을 바꾸면 역사를 훼손할 수 있다.'는 것이 위원회 측의 대답이었어요.

 도쿄 올림픽 박물관의 전시로 인해, 누군가는 손기정 선수를 일본 사람이라 생각하게 될 수 있어요. 일본 또한 그 오해의 소지를 모를 리 없지요. 사이버외교사절단과 서경덕 교수는 "IOC가 이같이 밝혔듯이 손기정 선수의 정확한 설명을 넣어 관람객이 오해하지 않도록 해야 한다."고 항의했어요. 그러나 일본은 우리나라의 그 어떤 항의에도 아무런 조치를 취하지 않고 있어요.

얍얍! 팩트 체크 ✓

손기정 선수는 일본의 기테이 손이 아닌, 한국의 손기정으로 올림픽 기록이 수정되길 원했지만, 끝내 이뤄지지 않았어요. 하지만 수상대 위에서 손기정 선수가 보여 준 용기 있는 행동은 그가 의지의 한국인이었음을 증명해요.

5장.
예술·스포츠 편

판소리가 중국의 무형 문화재라고?
조선족 민요로 소개된 아리랑
태권도가 중국에서 시작됐다고?

판소리가 중국의 무형 문화재라고?

> 다음에 만나면 우리 노래방 가자.
> 내가 쏜다!

타오
> 얼쑤! 좋아. 벌써 신난다!

> 타오, 얼쑤는 어떻게 알았어?
> 판소리에서 쓰는 추임새인데.

타오
> 조선족 판소리 공연 영상에서 봤지!
> 이번에 중국 무형 문화재로 등록되면서
> 기사 떴거든. 맛깔나던데, 얼쑤!

> 뭐? 판소리가 중국 무형 문화재라니?

타오
> 조선족은 중국의 소수 민족이니까~
> 소수 민족의 문화는 곧 중국의 문화 아니겠어?

> 타오, 또 또 동북 공정 시작이다.
> 조선족의 조선이 어딘지 잊은 거야?
> 판소리는 17세기부터 조선 남부 지방에서
> 널리 불려 온 민요라고.
> 남도 명창, 못 들어 봤어?

판소리,
중국 국가 무형 문화유산으로 등재

    2011년 5월, 중국이 판소리를 국가 무형 문화재로 등록했다. 중국이 발표한 국가 무형 문화재 제3차 목록에는 판소리뿐만 아니라 아리랑도 포함되어 있다. 지린성과 랴오닝성에 거주하는 조선족들이 즐기며 계승하고 있는 문화라는 것이 이들의 명목이다. 중국의 B 포털 사이트 백과사전에 의하면, 조선족은 자치구 내 판소리 전문학교를 세워 학생들을 양성하고 있다. 더불어 '판소리 공연이 줄고 후계자가 많지 않아 지원과 보호가 시급하다.'며 판소리의 명맥을 우려하는 태도를 취하고 있다. 한국의 전문가들이 중국의 거세진 '문화 동북 공정'을 견제하고 있는 가운데, 사이버외교사절단이 판소리 지키기 캠페인을 펼치며 반박에 나섰다.

울림 뉴스

판소리의 시작

판소리는 '여러 사람이 모인 장소'라는 뜻의 '판'과 '노래'를 뜻하는 '소리'가 합쳐진 말이에요. 한 명의 소리꾼이 노래와 말을 섞어 가며 공연을 해요. 이때 북을 치는 고수가 북을 치며 장단을 맞춰 줘요.

우리나라에서 판소리는 언제 시작되었을까요? 18세기 영조 30년, 유진한이라는 학자가 남부 지방을 여행하고 돌아와 여러 가지 글을 지었어요. 그 안에 〈춘향가〉가 한시로 기록되어 있어요. 이몽룡과 성춘향의 이야기로 2,800개의 한자를 이용해 적은 것이지요. 춘향가의 내용을 살펴본 학자들은 판소리가 적어도 숙종 이전 17세기에 발생했을 것이라 분석하고 있어요. 어떤 학자들은 판소리가 남북국 시대 신라에서부터 시작되었다고 보기도 해요. 하지만 기록으로 남아 있는 것은 1753년 유진한의 《만화집》이 최초예요.

다채로운 남도의 소리

판소리를 연구하는 학자들은 판소리가 무당이 읊조리는 노래에서 유래했을 것이라고 해요. 전라도 지방에서는 오래전부터 굿을 할 때 부르던 서사 무가나 가요인 단가 등이 널리 퍼져 있었어요. 판소리는 이들 가락과 이야기 형식에서 발전했을 것이라 추측하고 있어요. 전라도 서남쪽의 판소리는 서편제, 전라도 동북쪽의 판소리는 동편제, 경기도와 충청도의 판소리는 중고제라 불렀어요. 지역마다 소리를 내는 방법도 달랐고요. 판소리는 특히 전라도 지방을 중심으로 발전했어요. 지금도 남도 지방 출신의 유명한 판소리 소리꾼을 남도 명창이라 부르고 있어요.

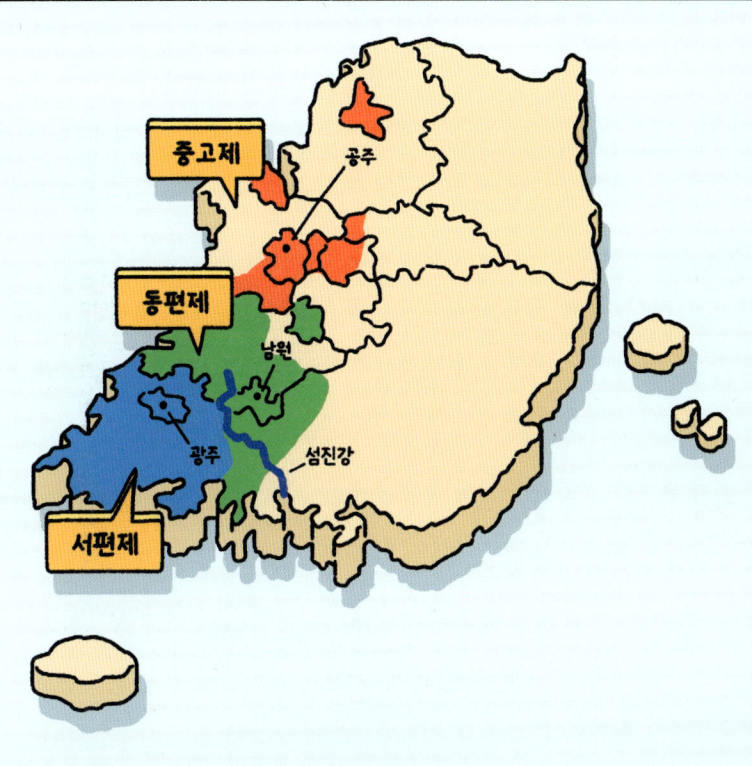

서편제
익산·고창·광주·나주·목포 등지에서 발달했다.
기교가 화려하고 소리의 꼬리가 길어 애절함이 묻어난다.

동편제
운봉·남원·구례·곡성 등의 섬진강 동쪽 지역에서 발달했다.
꿋꿋하고 튼실하게 소리를 내며 여운 없이 노래를 끝마친다.

중고제
경기·충청 지역을 중심으로 발달했다. 서편제와 동편제의 중간적 특징을 띤다.
소리의 고저가 명확하며 높고 힘찬 소리로 끝맺는다.

판소리가 중국 전통문화라고?

중국의 무형 문화재 정보 사이트에 판소리가 소개되어 있어요. 판소리가 18세기 조선 서남부에서 발생했다는 사실을 밝히고 있지만, 중국의 무형 문화재로 관리 부호를 매기고 소재지를 랴오닝성이라 표기했어요. 심지어 '21세기에 들어 판소리가 발전에 어려움을 겪고 있다. 후계자 양성과 보호가 시급하다.'라고 우려하는 의견까지 쓰여 있어요. 또한 판소리를 전승하기 위해 랴오닝성에 전문학교를 세워 학생들을 양성하고 있다고 해요. 이들이 내세우는 판소리 지도자들은 모두 조선족 출신의 소리꾼들이에요.

일제 강점기 때 중국 땅으로 이주한 이들이 한반도의 문화를 누리고 있는 것은 자연스러운 일이에요. 그러나 중국은 이들의 생활 속 다양한 전통문화가 조선족만의 자주적인 문화인 것처럼 얘기해요. 지금의 조선족은 중국의 소수 민족이니, 조선족의 문화는 곧 중국의 문화라는 논리를 펼치고 있어요.

중국 혈통의 화교나 유대인들이 다른 나라에 정착해 모여 살아도 그들을 그 나라의 소수 민족이라 칭하지 않아요. 그들의 문화를 이해하고, 민족을 존중하며 예의를 지키고 있지요. 그러나 중국은 이를 어긴 채 판소리의 명맥을 침범하고 있어요.

유네스코에 등재된 한국의 판소리

우리나라에서 판소리가 무형 문화재로 지정된 것은 아주 오래전 일이에요. 1960년대 국가 중요 무형 문화재로 지정된 후, 전문적으로 후계자들에게 전수되고 있어요. 2003년에는 한국의 신청으로 유네스코에 세계 무형 문화재로 등재되었지요. 판소리는 이미 한국의 역사 깊은 문화라고, 세계에서 인정받고 있어요.

얍얍! 팩트 체크 ✓

판소리는 조선족 문화이기 전에 한반도의 문화예요. 중국이 우리의 판소리를 조선족의 판소리라 함부로 규정하는 것은 용납할 수 없어요.

조선족 민요로 소개된 아리랑

민

애들아, 문자 투표 좀 참여해 줘.
내가 미는 팀인데, 이번 무대 완전 찢었어.

헐! 이 노래는 아리랑이잖아.
한복이랑 부채춤까지?

이걸 조선족 무대라고만 소개하네?

켄타

왜, 뭐가 잘못된 거야?

조선족만의 것이 아니라
한반도에서 불렸던 노래라고.

민

한반도에서 부르던 노래를
조선족들도 전승시켜 온 거잖아.
소개가 거짓말은 아닌걸?

얼렁뚱땅 넘어가지 말고
정확히 출처를 밝히란 말이야!

중국 예능 프로그램에 등장한 아리랑과 부채춤

중국의 한 예능 방송에서 한복을 입고, 한글 가사로 된 아리랑에 맞춰 부채춤을 추는 장면이 펼쳐졌다. 문제는 이 무대의 주제가 '중국 민족춤 대결'이라는 것이다. 방송 측은 이를 조선족의 춤이라 소개했을 뿐, 아리랑과 부채춤이 한국의 전통 예술이라는 설명은 덧붙이지 않았다. 이 무대를 보고 한 안무가가 "이게 바로 중국의 스트릿 댄스"라고 발언한 것이 알려져 한국 누리꾼들의 공분을 샀다.

그리고 같은 달 방송된 중국 힙합 경연 프로그램에서는 한 조선족 참가자가 아리랑을 조선족 민요라 소개하며 공연을 했다. 가사에서 백두산을 중국식 이름인 '장백산'이라 표현한 것이 논란이 되기도 했다.

빅스테이지 뉴스

유네스코도 인정한 한국의 아리랑

아리랑은 우리나라와 북한, 중국의 무형 문화재로 등록되어 있어요. 우리나라에서는 2015년 국가 무형 문화재로 지정하였고 북한에서도 아리랑을 비물질 유산 목록에 포함시켰어요. 북한의 비물질 유산은 우리의 무형 문화재와 같은 의미예요. 중국에서는 2011년 옌볜 조선족 자치주의 아리랑을 국가 무형 문화재로 등재시켰어요.

아리랑에 대한 권리 주장은 국제 무대로까지 이어졌어요. 사실 중국은 오랫동안 아리랑을 비롯해 농악무 등 우리의 전통문화를 자신들의 세계 문화유산으로 등재시키기 위해 애써 왔어요. 중국은 소수 민족의 문화를 국가 문화로 등록한 후 세계 문화유산 등재를 추진하고 있어요. 중국이 신청한 문화유산이 유네스코에 등재되면, 국제 사회가 해당 소수 민족을 중국의 일부분으로 인정한 것이라 주장하기 쉽기 때문이에요.

하지만 유네스코에서는 아리랑을 한국의 문화유산으로 인정해 주었어요. 한국의 아리랑이 여러 세대를 거쳐 재창조되고 다양한 형태로 전승되어 왔다는 점을 그 이유로 꼽았어요. '아리랑 아리랑 아라리요'라는 후렴구만 들어가면 누구든 쉽게 만들어 부를 수 있다는 점 또한 표현의 자유를 존중하는 위대한 미덕이라 평가를 받았지요.

2011년 남북 공동으로 아리랑을 유네스코 세계 문화유산에 등재하려는 움직임도 있었지만, 촉박한 일정과 정세 문제로 인해 무산되었어요. 결국 같은 해, 남한 단독으로 아리랑을 등재시켰지요. 뒤이어 2014년 북한도 '조선 민요 아리랑'으로 세계 문화유산 목록에 이름을 올렸어요.

민족의 얼이 담긴 노래

아리랑은 맨 처음 어디에서 시작했는지 알 수 없을 정도로 아주 오래전부터 한반도를 중심으로 입에서 입으로 전해 오던 전통 민요예요. 노래 속에 나오는 '아리랑 아리랑 아라리요' 하는 후렴구 때문에 아리랑이라는 이름이 붙었어요.

아리랑은 '아리다'라는 말에서 나왔을 것으로 추측되고 있어요. 쓰리고 아픈 마음을 나타낸 것으로, 백성들이 가슴에 품었던 한을 표현한 것이라고 해요. 하지만 아리랑, 쓰리랑의 어원에 대해 명확히 설명한 자료가 없어서 여러 가지 가설만 전해지고 있어요.

일제 강점기를 거치면서 아리랑은 우리 민족의 상징 같은 노래가 되었어요. 중국뿐 아니라 미국, 멕시코 등 일본 강점기에 강제로 이주당했던 많은 해외 동포들은 아리랑을 부르며 '여전히 우리는 한민족'이라는 마음을 나눴어요.

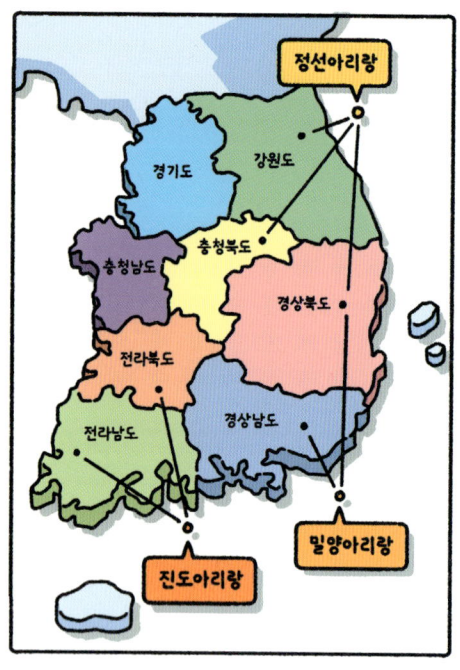

아리랑은 지역마다, 시대마다 조금씩 다른 형태의 노래로 바뀌어 불렸어요. 지금까지 내려오고 있는 아리랑은 약 60여 종에 3,600여 곡에 이를 만큼 다양해요. 북한과 옌볜에서도 시대와 상황에 맞게 변형된 아리랑이 퍼져 있고요. 현대에 와서는 한반도의 아름다운 자연과 통일을 노래한 〈홀로 아리랑〉이 올림픽 피겨 스케이팅 경기 음악으로 사용되어 세계인들의 관심을 받기도 했어요.

한 걸음 더

중국에서 관리하는 조선족 문화들

조선족 무형 문화재 24개가 중국의 국가급 무형 문화재로 지정되었어요. 그중 조선족 농악무는 유네스코 무형 문화유산으로 등재되어 있기까지 해요. 그리고 그 무형 문화재를 나라에서 보호하기 위해 '조선족 무형 문화재 보호 조례'라는 법을 만들었어요. 조례에 포함된 조선족의 문화와 생활 방식들을 국가 차원에서 본격적으로 관리하겠다는 뜻이에요. 앞으로 더 많은 조선족 문화가 중국 무형 문화재로 등록될 예정이에요. 문화 대부분이 우리 고유의 생활 방식과 겹치는 것들이어서, 자칫하면 중국의 것으로 세계에 알려질 수도 있는 일이에요.

중국에서 법으로 관리하고 있는 조선족 무형 문화재들을 살펴보면 조금 놀라워요. 종류도 많고 범위도 아주 넓지만 세분화시켜 관리하고 있어요. 우리나라 전문가들은 우리 문화를 지키기 위해 좀 더 많은 관심과 꼼꼼한 관리 체계가 필요하다고 말하고 있어요.

중국 국가 무형 문화재로 등록된 조선족 문화들

얍얍! 팩트 체크 ✓

중국에 사는 우리 동포뿐 아니라 전 세계 한민족이 함께 부르는 노래 아리랑. 아리랑은 대한민국을 상징하는 음악이에요.

태권도가 중국에서 시작됐다고?

제시
나 요즘 태권도 배운다!
내 발차기 어때, 멋지지?

웨이
흠… 다리가 좀 덜 펴진 것 같은데?

제시
뭐야 웨이, 너도 태권도 배워?

웨이
그걸 꼭 다 배워야 아나~
모든 무술은 다 중국 무술에서 시작됐잖아.
중국 무술 하나만 알면 다 보이는 걸?

뭐? 그게 말이야, 방구야.
태권도는 한반도에서 시작된
한국 전통 무예라고
옛날엔 수박, 수박희, 택견이라고 불렸으며….

웨이, 지금 읽씹하는 거야?

중국 배우 J씨
"태권도는 중국에서 시작"

중국 배우 J씨가 '태권도의 기원은 중국'이라 발언해 논란을 키우고 있다. 중국의 한 예능 프로그램에 출연한 J씨는 태권도를 배운 출연자와의 인터뷰 도중, 태권도는 중국의 발차기인 '춰죠우'에서 기원했다고 말했다. 모든 무술은 중국에서 기원한 것이라며, 가라테와 유도 역시 중국 무술에서 발전한 것이라 이야기했다.

태권도의 기원을 왜곡한 사례는 영국 출판사에서 발행한 한국 관광 안내 책자에서도 발견된다. 해당 책자는 '태권도는 중국 당나라에서 유래했다. 삼국 시대 때 변형을 거쳐 지금의 태권도가 되었다.'라고 소개한다. 이에 사이버외교사절단이 왜곡, 폄하를 바로잡아 달라고 항의했으며, 청원 운동을 벌여 출판사를 압박하고 있다.

플러스엔터 뉴스

한국을 대표하는 무예, 태권도

BTS와 한류 드라마에 전 세계 사람들이 열광하기 이전, 세계인들이 대한민국 하면 가장 먼저 떠올리던 것은 태권도였어요. 해외로 이주한 한국 사람들은 각지에 태권도장을 열어 수련을 하고 다른 사람들에게 알리기도 했어요. 1973년에 제1회 세계태권도선수권대회를 개최한 후, 1986년에 아시안 게임, 2000년에 올림픽 정식 종목으로 채택되면서 태권도의 인기는 더욱 높아졌어요. 지금은 전 세계 200개가 넘는 나라에서 수많은 사람이 태권도로 건강한 몸을 만들고 있어요. 대한민국의 대표 기예인 태권도, 정말 중국에서 건너온 것일까요? 하나씩 사실을 짚어 보기로 해요.

고대 시대부터 내려온 전통 무술

태권도는 우리나라 전통 무예를 바탕으로 만들어진 한민족 고유의 무술이에요. 태권도라는 이름과 형식은 현대에 와서 정립되었지만, 태권도의 고유 기술과 정신은 하루아침에 뚝딱하고 만들어지지 않았어요. 고대부터 조선까지 선조들이 전해 온 다양한 전통문화가 바탕이 되었어요. 그래서 태권도를 한국의 국기이자 전통 무술이라 부르는 거예요.

아주 옛날 부족 국가 시절, 제사를 올리는 행사에서 우리 선조들은 신체를 단련하는 체육 활동을 벌였어요. 이러한 활동은 우리의 전통 무술인 수박, 수박희, 택견 등으로 자리 잡았어요. 고구려의 선인이나 신라의 화랑은 택견을 통해 무술을 연마하고 전투력을 길렀어요. 당시의 택견 동작은 신라의 금동금강역사상을 통해 짐작해 볼 수 있어요.

금동금강역사상 (출처: 국립경주박물관)

택견은 고려 시대를 거쳐 조선 시대까지 무술의 중심이 되었어요. 일제 강점기에는 민속 경기의 성격을 띠며 사람들 사이로 퍼져 갔어요. 이를 못마땅히 여긴 일제는 일본 무술인 가라테를 퍼트려 택견을 없애기 위해 노력했어요. 택견을 지키려 했던 사람들은 지하에 숨어 몰래 수련을 해야만 했지요. 하지만 6·25 전쟁 이후 무도관과 군대를 중심으로 우리 전통 무술을 현대화시키려는 움직임이 일기 시작했어요.

1961년 9월 대한태권도협회가 설립되고, 태권도는 현대 스포츠 형식을 갖추면서 새롭게 태어났어요. 지금은 올림픽 정식 종목으로 채택되어 세계인들과 실력을 겨루고 있고요. 2022년 기준, 세계태권도연맹은 212개의 회원국을 보유하고 있어요. 이는 유엔 회원국보다 많은 수예요. 전 세계에 있는 약 20만 개의 태권도장에서 1억 명이 넘는 사람들이 태권도를 수련하고 있어요.

중국도 인정한 태권도

사실 태권도에 대한 설명은 중국의 고등학교 교재인 《태권도》라는 책에도 잘 나타나 있어요. 이 책의 1장 태권도의 탄생과 발전에는 '태권도가 1세기의 신라, 고구려, 백제의 삼국 항쟁에서부터 유래했으며 고려를 거쳐, 조선까지 이어져 온 운동'이라고 설명되어 있어요.

중국은 1996년 세계태권도연맹에 가입했어요. 다른 국가들에 비해 늦게 가입했지만, 굉장히 빠른 속도로 태권도 인구가 늘고 있어요. 중국에는 5만 개가 넘는 태권도 도장이 있으며, 태권도 수련 인구가 5천만 명에 이를 정도예요.

한 걸음 더

올림픽 속 태권도

　현대 스포츠는 대부분 유럽에서 만들어졌어요. 올림픽 정식 종목 중, 태권도는 유도와 함께 아시아에서 만들어진 유일한 스포츠예요. 국제 올림픽 위원회에서 태권도를 스포츠 종목으로 인정한 것은 1980년이었어요. 그로부터 20년 후인 2000년 시드니 올림픽 때 올림픽 정식 종목이 되었어요. 몸무게에 따라 네 가지 체급을 나누고, 겨루기 경기를 치러 우승을 가려요. 한국어, 영어, 프랑스어, 일본어가 올림픽 경기의 공식 용어로 사용되고 있어요.

　2022년 도쿄 올림픽에서는 32개의 메달을 21개의 나라가 가져갔어요. 우즈베키스탄, 북마케도니아, 이스라엘에서는 처음으로 태권도 올림픽 메달을 따냈지요. 이렇게 많은 세계인들이 함께할 수 있는 데에는 이유가 있어요. 태권도는 특별한 장비가 필요하지 않고, 오로지 몸으로 수련을 하기 때문이에요. 경제 수준과 관계없이 어느 나라에서든 즐길 수 있어요. 예의와 겸손 그리고 정직을 강조하는 태권 정신이 세계로 뻗어 나가고 있어요.

얍얍! 팩트 체크 ✓

태권도는 한민족의 전통 무예를 바탕으로 탄생한 현대 스포츠예요. 세계인들이 함께 즐기는 운동이자, 대한민국을 대표하는 무술이지요.

• 참고 자료

박정자 외, 《역사로 본 전통 머리》, 광문각, 2010
신채호, 《조선상고사》, 위즈덤하우스, 2019
KBS 역사 스페셜, 《역사 스페셜》, 효형출판, 2000
국기원 홈페이지 http://www.kukkiwon.or.kr/
네이버 지식백과 https://terms.naver.com/
대한민국 외교부 홈페이지 https://www.mofa.go.kr/
유네스코 한국위원회 https://heritage.unesco.or.kr/
중국 바이두 백과 https://baike.baidu.com/
중국 외교부 홈페이지 https://www.mfa.gov.cn/
한국민족문화대백과사전 http://encykorea.aks.ac.kr/